国家社科基金重大项目"基于本体演化和事件结构的语义网模型研究"（编号：11&ZD189）

现代汉语判断性事件
的句法语义研究

屠爱萍　著

人民出版社

责任编辑:陈寒节

封面设计:徐　晖

图书在版编目(CIP)数据

现代汉语判断性事件的句法语义研究/屠爱萍 著 . —北京:人民出版社,
　2024.6

ISBN 978-7-01-024449-5

Ⅰ.①现…　Ⅱ.①屠…　Ⅲ.①现代汉语-句法-语义学-研究
　Ⅳ.①H146.3

中国版本图书馆 CIP 数据核字(2022)第 013355 号

现代汉语判断性事件的句法语义研究

XIANDAI HANYU PANDUANXING SHIJIAN DE JUFA YUYI YANJIU

屠爱萍　著

人民出版社 出版发行

(100706　北京市东城区隆福寺街 99 号)

北京九州迅驰传媒文化有限公司印刷　新华书店经销

2024 年 6 月第 1 版　2024 年 6 月北京第 1 次印刷

开本:710 毫米×1000 毫米 1/16　印张:11.5

字数:164 千字

ISBN 978-7-01-024449-5　定价:45.00 元

邮购地址:100706　北京市东城区隆福寺街 99 号

人民东方图书销售中心　电话(010)65250042　65289539

目　录

序

屠爱萍的这本《现代汉语判断性事件的句法语义研究》，是第一本事件框架下汉语判断性事件结构句法语义同构性研究的专著，是面向人类（判断）认知和人机共享的多维度可贵探索，是国家社科基金重大项目（11&ZD189）的系列成果之一。

事件，与其他研究术语一样，其界定在不同领域、学科、学者甚至同一学者的不同著述中常常不尽相同，不过有一点是相同的，即定义与其性质特征，必须同界定所面向的研究对象和目标之间具有最大的适切性。进入20世纪以来，尤其是进入21世纪以来的语言研究，早已从为语言而进行语言符号研究，延伸到与语言所关涉的所有视界和方面，事件不仅是新世纪关注的热点之一，而且其界定也不囿于语言的某一侧面或某一层面，并且语言学开始呈现出与人类生产力和文明相联系的三纪语言学：农业文明纪元的文字-语文学，工业文明纪元的符号-现代语言学，智能文明纪元的事件-智能语言学。事件是第三纪语言学的研究支点，并且其事件宜从开放跨域的广角，界定为宇宙中一切空间的发生。

事件发生有三域：客域、知域和言域，"判断性事件"分属知域，即知域的行为发生。事件的呈现或载体，有三级空间和三种形态：一是事件本身作为自载体（原始形态）的客观事件或客态事件（比如a."太阳从地平线升起"事实本身），——物理空间的事件自态；二是a进入人们感官和认知的事件不再是a，而是a的感知和思维状态（如a'."太阳整个出了地平线"实物的心理状态）——心理空间的事件知态。知态空间的事件可称映像事件或知态事件，其载体是客态事件的心理感知表现或印象；三是a'继而进入报告和交流过程，此过程中的事件，是事件的哲学第三态（语言形态和信息形态）——符号空间的语言事件。"现代汉语的判断性事件"是以现代汉语为事件载体的事件第三态即语言符号表征事件。如果用 Rosen（2003）和 Levin & Hovav（2005）的观点和表述看，本研究所论就是现代汉语对现实世界中"判断性事件"的表征和词汇化。不过，在本书中，下面的表述似更妥切一些：现代汉语判断性事件应是事件的现代汉语表征和符号化、信息化。

本书的研究认为，现代汉语判断性事件结构，是判断行为的语言表述结构或言语形态，在此空间可从深层结构和表层结构两个方面来看。从表层结构看，其基本模式或原型是"S 是 X"句子结构，"S"和 X 分别为"是"的主宾补足语。其具体句子与模型之间是位与变（变体）的关系。汉语有个说法叫"万变不离其宗"。在这里，这个"宗"就是由转换生成语法动词提升理论和空语类共同显示的跨语言的语法深层结构：是+SX。即与英语系词"be"的提升原理相同，汉语判断动词"是"为"提升动词"（Raising Verb），子句（SX）是提升动词"是"的补足语。"SX"之间一般具有论元结构和事元结构等关系。当补足语子句"SX"中"X"为名词性成分时，"S""X"之间常存在隐性的名词性和非名词性空语类。

"S 是 X"在语法上有两类应用性附类："X 是 X（，P）"和"S 是 X的"。前者为"是"的后成分重复前一成分语形的特定构式"X 是 X，P"的配件，该类构式根据表层结构语形及与 P 配列的不同，衍生出"重转""轻转""弱转""区别""分辨""肯定"和"赞美"七种变式及功能。后者"S 是 X的"，曾被朱德熙（1978）、吕叔湘（1979）等视为"S 是 X"的特殊形式，本书对其各类显性形式与隐性形式进行了与事件结构对应的分析与阐释，并基于"三个世界的语法理论"（萧国政，1991、2001），揭示了同一句位中组形结构不同的各句位变体之间的动态语义联系，以及信息传递结构的异同。此外，本书还在"句位变体理论"（萧国政，2010）的基础上，侧重语言信息处理的角度，描写了判断性事件"S 是 X的"及其变体，揭示了"是"字句为代表的判断性事件与叙述性事件、描写性事件之间的转换关系。这种用特定事件的深层结构建构语言模型，对语言现象的系统思考和多侧面全局性的关照，是语言传统研究和语言智能研究的分水岭和显著标志。

大家们常说，一个时代有一个时代的使命，一代人有一代人的学问与探索。

本书及其作者，最难能可贵的是站在几代人和国内外前贤研究基础的肩膀上，结合时代新的需要，进行了面向人机共享、语言信息处理和人工智能的语言学第三里程的努力探索并较有成效。尽管这个方向的"是"类判断性事件的研究现在只是开创和奠基性的，且后面有些好内容还有需进一步耕耘，但毕竟坚冰已经打破，道路已经开通，春暖花开和繁华秋实应该指日可待。我们对爱萍和学界有这个信心！

2022 年 12 月于名都未逸阁

---

* 萧国政，武汉大学二级教授，语言学家，国家社科重大项目首席专家，智能语言学、"语法三个世界理论"及"词群-词位变体论"创立者。曾兼任《汉语学报》主编、中国语文现代化学会副会长、国务院学位委员会与教育部教指委委员等。

第一章 绪 论

本书在事件结构的框架下揭示现代汉语判断性事件句法语义的同构性，对现代汉语判断性事件及其事件结构进行了较为全面的研究，对现代汉语判断性事件句法语义之间的同构关系进行了尝试性的揭示，并对其中涉及的句法现象进行了较为统一的解释。希望从事件结构的角度探究判断性事件及其中涉及的句法现象，同时，将事件结构理论的运用范围从对叙述性事件、描写性事件，拓展至判断性事件。

第一节 研究对象

本书所讨论的判断性事件，是指以动词"是"表达显性主观判断的句子，它的判断性，是通过用含有显性主观判断意义的"是"进行标记来体现的，其语表组合形式主要为"S 是 X"。例如：

(1.1) a. 他是莫言。　　　　　　　("莫言"为个体名词)

b. 他是作家。　　　　　　　("作家"为类名词)

c. 他是一清二楚。　　　("一清二楚"为形容词性成分)

d. 他是帮自己。　　　　　("帮自己"为动词性成分)

e. 他没来是父亲病了。　　　("父亲病了"为子句)

同样以"是"显性地表达了说话人主观的是认与肯定，还有一些语表组合形式同样为"S 是 X"，但是语义却为较特殊的判断性事件，"是"的前成分和后成分之间并不是等同或类属关系，而表示其他某种逻辑联系等。例如：

(1. 2) a. 门外是条河。
      b. 语言是工具。
      c. 我是炸酱面。

（朱德熙，1982）

此外，"S 是 X 的"也是一种比较特殊的判断性事件，一般认为它们是叙述句或描写句的一种变换形式。如叙述句"她昨天在火车上生（了）小孩儿"可以变换成判断句：

(1. 3) a. 是她昨天在火车上生小孩儿的。
      b. 她是昨天在火车上生小孩儿的。
      c. 她昨天是在火车上生小孩儿的。
      d. 她昨天在火车上是生小孩儿的。

（熊仲儒，2007）

该类判断句通常被称为"是……的"句或强调句等，虽然与判断句表示"同一""归属"等意义不一致，也不表示事物的状态，但它们同样通过"是"显性地表达了说话者的主观判断，也被看作判断性事件的特殊形式，属于本书研究的范围。

语言学中对"事件"的定义与哲学、认知科学等领域不同。哲学领域认为，"事件"是自然一去不返的具体事实。物质世界由事件（Event）和实体（Object）构成，事件涉及多方面的实体，如参与者、时间、地点、过程、状态等，任何实体都是事件的构成要素，事件之间存在着本质的内在联系（Chen，2003；王英，2011），认知科学主要从人类记忆原理和事件结构之间关系的角度研究事件（Zacks & Tversky，2001；朱怀，2011），他们认为，人们认识和了解客观世界是事件，记忆的单位也是事件，而记忆的对象则是组成事件的实体和实体之间的关系，以及事件和事件之间的关系（潘云鹤，耿卫东，何志均，1994）。

语言中的"事件"与现实世界中的"事件"也不同，语言中的"事件"是对现实世界中"事件"的表征（Rosen，2003）和词汇化（Levin & Hovav，

2005）。在语言学研究的术语中，"事件"一词的具体所指也存在差异。狭义的"事件（Events）"与"状态（States）"并列，包括能够表达"活动""完成""实现"等语义内容，而广义的"事件"相当于英语中的"Eventualities"，指包括"Events"和"States"的一般句子的语义类型集合。"Eventualities"可以看成叙述句所表达的语义内容，也就是句子所叙述的某件事情或某种状态，既包括动态的"Events"，也包括静态的"States"。对于"是"字句而言，其子事件（或称为"下位事件"）可能是"Events"，也可能是"States"，但从整体看，"是"字句属于"State"，因而，本书所谓的"事件"属于广义的事件，相当于英语中的"Eventualities"。

第二节 相关研究述评

现有文献的相关研究成果缺乏将"是"字句的事件结构及其判断性融合的研究，在事件结构的框架下，对表示显性主观判断的判断性事件进行分析的研究较为罕见，主要研究成果多集中于对判断句的研究和对事件结构的研究中，下面我们从这两个方面分别进行述评。

（一）判断句的相关研究述评

"判断"（Judgment）本来是逻辑学概念，与概念、推理并列，是"思维的基本形式之一，就是肯定或否定某种事物的存在，或指明它是否具有某种属性的思维过程。在形式逻辑上用一个命题表达出来"（中国社会科学院语言研究所词典编辑室，2016）。

语言学对"判断"的理解和逻辑学对"判断"的理解既一脉相承，又相互区别。逻辑学视之为断定事物情况的思维形态，语言学则视为对事物性质、关系等进行断定的句子。关于"S 是 X"这样的判断形式，逻辑学分为主词"S"、系词"是"和谓词"X"，语言学则将其分析为主语、系词"是"和谓语（陈宗明，1984）。在语言学中"判断"也有不同的含义，比如，吕叔湘（1944）将判断界定为："用来解释事物的涵义或判辨事物的同异"；马庆株（1988）将判断视为"属性"的一种；邢福义（1996）指出句子都跟判断存在一定的关系，有的句子直接表示判断，有的句子间接地或者潜在地跟某个判断相关联。而本书所谓的"判断"是指以"是"为语法标记，明确表达说话者的主观肯定态度的语言学中的"判断"。

关于判断句的研究大体上可以与汉语语法研究的三个时期一致，可分为传统时期、描写时期和创新时期（邵敬敏，2006）：第一时期为 20 世纪 50 年代之前，第二时期为 20 世纪 50 年代到 80 年代之前，第三时期为改革开放至今。下面进行分述。

1. 传统时期对判断句的研究

传统的汉语语法研究可分为草创时期和探索时期，分别以马建忠（1898）、黎锦熙（1924）、金兆梓（1924）和吕叔湘（1944）、王力（1944）、高名凯（1948）等为代表。

马建忠（1898）是汉语语法研究的奠基之作，关注"字类""专论句读"等，但并没有对判断句进行专门的分析。但在论及"表词"时谈道："凡以表决断口气，概以'是''非''为''即''乃'诸字参于起表两词之间，故诸字名'断辞'。或无断辞，则以助字'也'煞之，或两者兼用焉亦可。"黎锦熙（1924）、金兆梓（1924）等则主要仿照印欧语法体系，从系词"是"出发，论及汉语判断句，发现了一种附属于动词的同动词，用以说明事物是什么，或说明事物之种类、性质、形态，必须把作为说明的词系在它的后面。

此后，判断句作为汉语语法研究中比较特殊的类，逐渐受到重视，得到比较深入的研究。吕叔湘（1944）、王力（1944）和高名凯（1948）等"汉语传统语法研究的三家新体系"[①]，将判断句置于句类体系中与其他句类进行比较，研究判断句在句式上的独特之处，揭示了判断句在结构、意义、功能等方面的特征。

吕叔湘（1942)[②] 将句类分为叙事句、表态句、判断句和有无句。叙事句

---

① 关于"汉语传统语法三家新体系"的称谓，可参见邵敬敏（2006）。
② 吕叔湘编著的《中国文法要略》上卷完成于 1942 年，中卷、下卷完成于 1944 年，关于判断句的研究属于上卷的"词句论"。

一般是"起词、动词、止词"结构，动词是全句的中心。表态句和大多数判断句中一般不用动词，句子可以分成两部分，前者称作"主语"，表明"什么"，后者称为"谓语"，表明"是什么"或"怎么样"①，明确地指出判断句的两个基本用处："一是解释事物的涵义，二是申辩事物的是非"。判断句可根据使用系词（白话的系词为"是"，文言的系词为"非"）或准系词（"为""谓"和"曰"等）区分为"真正的判断句"和"准判断句"。

王力（1944）把现代汉语里的句子分为叙述句、描写句和判断句三类。并指出这三类句子的鉴别标准：叙述句、描写句分别以动词、形容词为谓词，而判断句则把在主语和谓语之间加上的系词"是"作为联系的工具。将判断句界定为"用来断定主语所指和谓语所指同属一物，或断定主语所指的人物属于某一性质或种类"的句子。

高名凯（1948）根据谓语的性质把汉语的句子分为名句、形容句和动句，又根据其功能将名句、形容句和动句分别称为说明句、描写句和叙述句。高先生所谓的"名句""说明句"就相当于吕叔湘（1944）和王力（1944）所谓"判断句"，也就是表明"是什么东西"的句子。

总之，受西方传统语法理论的影响，传统时期的对汉语判断句的研究一般局限于对"是"字名称的界定，以及对判断句语法功能的讨论，但探索时期的"语法研究的三家新体系"，已经开始有意识地反映现代汉语的独特之处，将判断句置于句子分类的角度进行研究。

2. 描写时期对判断句的研究

20 世纪 50 年代开始，语法研究比较注重句法结构的描写。这一阶段的判断句研究由"句类"研究转为对语表形式为"S 是 X"的"是"字句②的分析。语言学家们开始根据句子的组合形式和谓语中心词类别的不同将句子分为动词谓语句、形容词谓语句和名词谓语句，同时指出系词"是"是一种比较特别的

---

① 吕叔湘（1942）还指出，表态句和大多数判断句的主语和谓语"其实最好一个称'句头'，一个称'句身'"。

② 事实上语表形式为"S 是 X"的"是"字句和判断句的概念和范围并不等同，前者是属于后者的。

动词，所以，判断句属于动词谓语句，属于动词谓语句中比较特殊的一类。

丁声树等（1961）详细列举了"是"字的六种用法，并指出其动词的性质。Chao（1968）列举了十二个特点来详细比较包括"是"在内的各种动词的异同，且明确指出"是"可以用作系词。朱德熙（1982）也用单节对由动词"是"构成的谓语做了专门的分析。人民教育出版社汉语编辑室负责拟定的《暂拟汉语教学语法系统》（1956）① 和人民教育出版社中学语文组所公布的《中学教学语法系统提要（试用）》（1984），采用以上观点，称"是"为判断词或判断动词，归入动词的附类或小类。

吕叔湘（1980）和刘月华等（1983）对"是"字句进行了较为详细深入的描写。丁声树等（1961）认为"是"表示的是"解释和分类"，Chao（1968）认为"是"表示"主语跟宾语相等"以及表示主语"属于哪一类"，朱德熙（1982）认为"是"表示"同一和类属关系"等。而"是"字的另一些用法，如表示"强调"，则均被认为是副词性的。这些研究主要着眼于"是"字句的结构和意义，认为名词谓语句可以加上动词"是"变成动词谓语句（"是"字句）。

3. 创新时期对判断句的研究

汉语语法研究的创新时期里，关于判断句的研究，多种流派和多种角度的研究并存，百花齐放。

在句式研究方面，马庆株（1991、1998）、石定栩（2009）等深化了对名词谓语句的研究，认为名词谓语句大多具有表达判断的作用，并论证了名词（体词）充当谓语的在语义和语境等方面的制约条件。张和友、邓思颖（2010）在分析特异"是"字句的语义特性与句法结构的基础上指出该句式为话题类系词句，包含了一个跟方式、原因、结果等相关意义的空语类主语。

功能主义的研究倾向于把"是"当作语用功能成分。刘丹青、徐烈炯（1998）认为在上海方言中"是"是一个话题标记词，具有提顿的功能。周晓

---

① 关于"暂拟汉语教学语法系统"可参见张志公（1956）介绍，该体系与是与《中学教学语法系统提要（试用）》一脉相承的教学语法体系。

康（1999）以系统功能语法的立场指出"是"表示的是关系过程。徐杰（2001）认为在有些特殊的判断句中，"是"有标记焦点的作用。曾常红（2007）指出"是"字句具有强劲的接续功能，主要集中在"NP$_1$是 NP$_2$"和"NP 是 VP"两类"是"字句里。朱斌（2007）从关系类属的角度考察否定"是"字句的联结，认为可以形成并列、因果、转折三类联结关系，以并列关系最为常见。王红旗（2010）指出，话语中的"是"字句可以延续或引入句子话题和篇章话题。

同时，从事语言类型学分析和汉语语法化研究的学者们也注意到"是"字句相关的语法现象，从词性、句式、功能、认知等多角度对其进行了较为全面的研究。

对判断句和系词"是"的历时演变和类型学的考察，是现代汉语语法研究中一个引人注目的课题。Li & Thompson（1981）根据对不同语言的考察，指出"是"字从指代词演变为系词，判断句从"话题+指代词+述题"发展到"主语+系词十谓语（表语）"是多种语言中的普遍现象。

张军（2005）运用构式语法、类型学和语法化等语言理论，通过对汉藏语系判断句的跨语言研究，揭示了汉藏语系判断句发展演变的过程和规律，深化了对汉藏语类型特征的认识。姜南（2010）通过对梵汉对勘和异译的系统比较，证实了语表形式为"S，N 是"的句子是原文一类烦琐句型的汉译，虽然也表判断，但句中的"是"并非系词，而是指示代词。

石毓智、李讷（2001）从句法环境上将"是"从指示词向判断词的语法化过程概括为两个阶段：第一阶段中指示代词"是"在判断句中用以指代或回指话题，作为代词，"是"的主要功能是指代和回指。第二阶段中"是"字作为判断词，其后的述题部分由体词成分充当的比例大为增加。董秀芳（2004）论证了"是"由虚词到词内成分的进一步语法化过程。

此外，越来越多的研究开始从多个角度对"是"字句进行分析。朱斌（2002）、龙海平（2007）等从"三个平面""小三角"等理论视角，区分语言的句法、语义、语用（或"表—里—值"）等不同视角、不同层面，对判断句进行了综合考察。张和友（2012）从符合"成素—类"关系的典型"是"字结构和准典型"是"字结构，以及不符合"成素—类"关系的非典型"是"字结构①等几个角度对"是"字结构进行了较为系统的研究。

总之，对现代汉语判断句的研究，源于传统语法中关于系词"是"的讨论，以及 20 世纪 40 年代从句子分类角度对判断句句式独特之处的讨论。直到 20 世纪 50 年代，语言学界才开始对"是"字句进行多角度的考察，从形式上把汉语句子分为动词谓语句、形容词谓语句、名词谓语句等类型，对判断句的研究也由"句式"研究转向了对"是"字句的分析：系词"是"被认为是动词中一个特别的类，判断句仍属于动词谓语句。改革开放以来的创新时期中，语法学家们开始从不同角度对判断句进行考察，取得了丰硕的研究成果，但关于判断句中各种下位类别之间有无统一性及"是"是否具有同一性等，均是有待进一步研究的重要课题。

（二）事件结构的相关研究述评

关注语言表达的"事件"是从语义出发研究语法的一种方法，"事件结构"是句法语义的接口。将"事件"和"事件结构"引入语法研究后，注重事件结构与句子结构关系的研究成为语言研究的一种重要路径，显示了句法和语义互动和日趋融合的研究趋势。下面我们从"事件"的界定与事件结构分析这两个方面进行述评。

1. "事件"的界定

关于"事件"的研究产生于词汇语义学对动词"体结构"和句子"情状"（Situation）的研究，是在词汇语义学框架内进行的，是语义的，非句法的。语言学家们很早就认识到动词和时间之间的关系，如 Reichenbach（1947）把时间分为事件时间、参照时间和说话时间，最早把"事件"作为论元应用到谓词的逻辑中；Ryle（1949）将动词分为事件、过程和状态；Kenny（1963）根据语义蕴含将动词分为状态、活动和完成动词。但是，该论题的相关研究中影响最

---

① 非典型"是"字结构主要包括语义特异型"是"字结构［非逻辑的（illogical）判断句］、聚焦式"是……的"结构、确认型"是"字结构、断定悬空型"X 是"结构（如"如果是""尤其是"等）。

大的则当数 Vendler（1967）。

Vendler（1967）把谓词意义和事件结构联系起来，根据谓词在时间上表现出来的终结性、持续性、同质性和间隔性等时间结构特征，首次把动词的情状类型分为两类："状态（States）"和"事件（Events）"，再将"事件"分为"活动（Activties）""完成（Accomplishments，或译为"达成"等）"和"实现（Achievements，或译为"结果""成就"等）"三类动词。关于其特征和类别的对应关系，可列表如下：

表 1-1　Vendler（1967）划分的四类动词

Classes（类别）		Features（特征）				
		终结性	持续性	同质性	间隔性	示例
States（状态）		−	+	+	−	know/have
Events 事件	Activities（活动/过程）	−	+	+	+	run/paint
	Accomplishments（完成）	+	−	−	−	build/destroy
	Achievements（实现）	+	+	−	−	notice/win

在对事件研究的起始阶段，研究者一般按照 Vendler（1967）的思路，将句子分为表"状态"和"事件"两种：事件动词是除"状态"[①] 以外的"活动""完成"和"实现"三类动词。在 Vendler（1967）研究的基础上，Smith（1991）在事件类型中加入了单动作（Semelfactive）[②]，这样，根据［±动态］（Dynamic）、［±终结］（Telicity）和［±持续］（Durative）等特征就可以把句子分为五种情状类型。详见表 1-2：

---

① Dowty（1979）概括了状态句的语义，指出"对于一个经历一段时间 t 的状态 P 来说，在时间 t 的任何一个部分中，状态 P 依然得到保持。"

② Rothstein（2004）等认为单动作动词是可以归入到活动动词中的，比如，"cough"所表示的事件有明显的起始点，往往重复发生，且没有明显的终结点。

表1-2　Smith（1991）所分析的五种动词类型

Classes（类别）		Features（特征）			
		±Dynamic（动态）	±Telicity（终结）	±Durative（持续）	示例
States（状态）		−	−	+	know/have
Events（事件）	Activities（活动）	+	+	+	run/paint
	Accomplishments（完成）	+	+	+	build/destroy
	Achievements（实现）	+	+	−	die/notice
	Semelfactives（单动作）	+	−	−	cough/knock

与 Vendler（1967）一样，Smith（1991）也将"状态"和"事件"二者对立，认为"事件句"是与"状态句"相对立的一类句子，"过程、完成、实现"等也可叫做"非状态句（non-stative sentences）"①。

随着对事件语义研究的不断深入，产生了将"状态"和"事件"概括入一个更高层面的需要，Bach（1986）和 Parsons（1990）在 Vendler（1967）的基础上，将对动词的分类与句子语义上的类别直接联系起来，将这种区分直接视为句子语义上的类别，用"Eventualities"概括"状态"（States）和"事件"（Events）的所有类型，其中"Eventualities"大致相当于"叙述句"，Parsons（1990）将句子的类型分为状态类、活动类、完成类和实现类②。如图1-1所示：

Pustejovsky（1991）沿用了这种将"Eventualities"中的"状态"和"事件"统一起来的处理方式，把事件结构的研究统一在句子层面上进行描写和解释。他不再将"状态"和"事件"两分，而是将"状态"处理为一种特殊的"事件"，认为"Eventualities"包括"状态（State），活动/过程（Activity/Process）和变化（Transition）"，认为"自然语言的任何动词都可以划归为这

---

① 关于"状态"和"事件"的两分，Vendler（1967）、Mourelatos（1978）等均提出了成熟的鉴别手段，此处不赘。

② Parsons（1990）对四种句子类型分别举例如下：a. 状态（State）：The dress is pink. b. 活动/过程（Activity/process）：Mary ran. c. 完成（Accomplishment）：Agatha made a sandwich. d. 实现（Achievement）：She won the race。

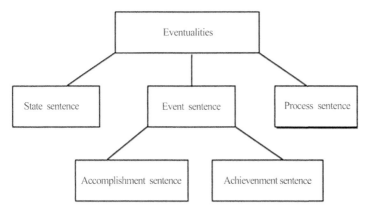

**图1-1　Bach（1986）和Parsons（1990）对
"Eventualities"范围的界定**

三种类型之一"（Pustejovsky，1991）。其中"变化事件"（动作行为事件）又可以分为"完成（Achievement）"和"实现（Accomplishment）"。

2. 事件结构分析的相关研究述评

McCawley（1968）最早把谓词的语义纳入句法，分析了谓词"kill"的事件结构，认为动词"kill"可以分解成"CAUSE BECOME NOT ALIVE"四个成分。如图1-2所示，其词汇分解既是句法的又是语义的。

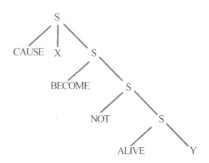

图1-2　McCawley（1968）对"kill"的词汇分解

Grimshaw（1990）通过建立树形图，形象地展示了事件及其子事件之间的时间顺序、管辖范围等，将"break"所表达的事件结构分析为图1-3：

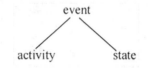

图 1-3　"Break"的事件结构

在这一结构中,动作行为(Activity)"破"是导致状态(State)"破"的原因,反之,状态"破"则是指动作行为的"破"的结果状态。

与之相仿,Pustejovsky(1991)也关注事件结构的分析,提出了"事件结构的句法",认为事件自身有一定的内部结构,即在事件结构内部存在"语法"。他将谓词表达分析为事件(Events)和子事件(Sub-events)两个范畴,认为词汇意义和特定的事件结构直接相关。事件结构不但包括事件内部作为组块的子事件之间的结构,而且也包括动词和论元的关系结构等。完成体动词表达的事件是一个复杂事件,由过程和状态组成,过程是动作本身,状态是动作结果。如图 1-4 所示:

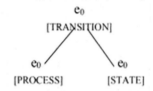

图 1-4　完成体动词的事件结构

Pustejovsky(1991)对"事件"的界定避免了"事件"广义、狭义两个不同层面使用的冲突,使"事件"和"事件结构"与"句子"和"句子结构"视为具有映射关系的两个对象,事件结构作为一个整体的概念,不仅仅可以运用在对动词的分析中,也完全可以成为句子结构研究的起点。

之后所涌现的关于谓词语义结构的研究,认为可把动词的意义分析成所指事件的一个具有内部结构的表达式。事件不再是不可分析的原子单位,而是有其比较复杂的内部结构。简单事件的内部结构有两个重要类别:事件角色之间的关系、事件角色与动词之间的关系。复杂事件可从结构上分为外部事件和内部事件,外部事件与致使性和施事性等相关,内部事件与完成性和状态变更性

（Change of State）等相关。复杂事件句结构除了要考察具有简单事件句结构的子事件，还要考察子事件之间的关系。子事件之间的关系属于句子内的事件关系，包括子事件之间的时间、角色共享和逻辑语义关系（如致使关系、因果关系等）。

如今，事件结构理论被广泛用于"句法—词汇—语义"界面的研究，事件结构已经成为人类认知和语言之间的中介和桥梁，事件结构作为一个单独存在的层面，对语言分析中的许多课题都有重要价值，越来越多的研究表明：事件结构和句法结构有同构和互动关系（Voorst，1988；Pusteiovsky，1991）。因而，许多语言学家尝试把事件结构分析应用于不同的句法表征，事件结构成为句法学和词汇语义学的接口。Grimshaw（1990）指出语义论元的句法位置是由事件角色和论元角色共同决定的。Tenny（1994）和 Rosen（1996，1998）等指出，决定论元如何和在哪个位置与句法相联结的是论元在事件结构中充当的事件角色，而不是论旨角色。Borer（1996）和 Travis（2000）等还明确指出，句法结构即使不与事件结构同构（isomorphic），也在很大程度上由事件结构派生而来。

在汉语语法研究中，把事件结构作为句子分析的中间单位，形成"词—事件—句子"由小到大的三级处理单位，能够实现以简驭繁的功能：以事件结构为中心，向下可以进行事件构成单位——词语的研究，向上可以进行事件之间组合的单位——句子的研究（王跃龙，2012）。

沈家煊（2006）在吸收事件结构分析方法的同时，注重汉语独特的事件结构特征，发现了一些汉语事件结构的映射机制。例如，他把（1.4a）分析为（1.4b）所示的结构：

（1.4）a. 他被后面的司机按了一喇叭。

　　　　b. 后面的司机按一下喇叭+他被后面的司机警告了一下——
　　　　　他被后面的司机按了一喇叭。

（沈家煊，2006）

事件结构的分析还可以运用在语义分析，或者与语义有关的语法分析中。袁毓林（2004）讨论了事件结构在句子形成过程中起到的作用，可能成为配价语法和构式语法研究的接口。举例如下：

　　(1.5) a. 王冕死了父亲

　　　　　 b. 王冕失去了父亲。

（袁毓林，2004）

　　袁毓林（2004）分析了例（1.5）中两个句子的关系，认为从词类的使用看，是"甲类动词（死）套用乙类动词（失去）的惯用句子结构"，"句子结构套用的语义后果是把两种概念结构整合成一种新的复合性的概念结构，形成一种新的认知图式。或者说，把两种事件结构整合进一个完形（Gestalt）中，用一个认知图式来包装一个复合事件。"这种研究方法，把事件结构和句法结构联系起来，寻找句法结构的依据，使得句法的描写和解释更加充分、更加明晰，也更加容易把握。

　　事件结构还可以用以说明句法现象，弥补句法结构分析的不足。例如，蔡维天（2007）从事件结构的角度解释汉语的状语分布，且进行了合理的推测：作为孤立语，汉语的语法分析性显著，所以"极有可能将次事件的结构对应从实词层延展至虚词层。换句话说，原本是以动词组为核心的事件分解，在汉语却可能将对应的范围扩大到小句甚至主句"。

　　王红斌（2009）指出典型无界动词不能和时体助词"了"和"过"组合，不能用否定副词"没"否定，例如："＊像了/过""＊在于了/过""＊没像""＊没在于"等；不能构成"V+了+数量名"格式，例如："＊像了一个人"如果"像"类无界动词作述语的句法结构中有时间副词，句末有"了$_{1+2}$"时，介于事件句和非事件句之间。例如：

　　(1.6) a. 他已经像个大人了。

　　　　　 b. 他已经是大学生了。

　　例（1.6）两个句子的所表示的情状分别有由"不像"到"像"、由"不是"到"是"的变化，但是，"像了""是了"之后，"像"和"是"均为持续的无终点的情状，即"事态"任鹰（2010）。

　　张明尧（2013）把对事件和事件结构的研究扩展到语篇层面，在事件和事件结构理论的基础上，提出了用事件链理论来构建汉语篇章连贯，认为事件是构成篇章连贯的基本单位，事件之间以某种关系构成事件链，事件链可以用来表示篇章的局部连贯和整体连贯。

句子可以根据意义和表达功能分为叙述句、描写句、判断句。相应的，事件（Eventualities）也可以是一种叙述、一种描写，或者是一种判断（鲁川，1998），我们分别称为叙述性事件（Narrative Eventualities）、描写性事件（Descriptive Eventualities）和判断性事件（Judgmental Eventualities）。

在对汉语句法结构的研究中，用事件结构理论来分析某种具体句式的文献较多，但是大多是关于叙述性事件的研究，特别是含有"致使义"事件链的语法结构。从现有文献看，从事件结构出发分析处理"把、被"及与"把、被"相关的动补结构的研究最多，如熊学亮和王志军（2003）、王广成和王秀卿（2006）、席留生（2008）、曹道根（2009）、樊友新（2010）、朱俊阳（2011）、周长银和尹晓静（2016）、周长银和周统权（2016）等。

其他研究主要包括对致使句的研究，如熊仲儒（2003）、唐世民（2004）、吴平（2007，2009）、郭印（2011）、刘婧和李福印（2017）等；对致使性"得"字结构的研究，如金海月（2008）、梁英梅（2015）等；对领主属宾句的研究，如潘海华和韩景泉（2008）、祝丽丽（2008）、沈力（2009）、孙志农（2016）等；对双宾语句的研究，如林艳（2015）、张立飞（2020）等；对中动句的研究，如张新华和蔡淑美（2016）、蔡满园（2016）、胡旭辉（2019）等；对动结式的研究，如王寅（2009）、冯丽娟（2017）等；对位移事件的研究，如池昌海和姜淑珍（2016）、李福印（2017）、常娜（2018）等。

文献关于描写型事件的研究尚不多见，田庆强（2004）从事件结构角度探讨了做谓语的形容词所能表达的事件类型，张亚明（2005）探讨了在不同的句法格式中，各种句法成分与形容词结合的方式及所构造的"体"意义，徐采霞（2015）根据形容词的语义指向，将其分为语义指向动词、指向动词施事、指向动词受事及评价句子所述事件这四种情况，形容词状补异位引起的句子语义和语用功能变化。而将判断性事件纳入事件结构的框架，专门对判断性事件进行细致分析，论证判断性事件和其他类别事件之间的关系等的相关论著则更为罕见。

第三节　研究方法

本书拟在对大规模语料进行描写的基础上，进行较为全面而深入的分析，揭示现代汉语判断性事件句法和语义之间的同构性，构建现代汉语判断性事件结构的框架模型，并探索判断性事件与叙述性事件、描写性事件之间的关系。研究方法主要包括文献综述法、描写解释法和语料验证法等。

文献综述法。对"是"字句的事件结构分析，内部构件的立体描写与解释，相关语言现象的处理等，都需要借鉴与妥善处理已有的文献，主要包括事件和事件结构研究，"是"字句的句法研究、语义研究和语用研究，提升结构和空语类研究，句位变体和其他相关句式等相关研究成果方面的文献。

描写解释法。描写和解释既是语言研究的重要目标，也是基本的研究方法。对"是"字句的事件结构、内部构件和相关语言现象的研究，都需要将描写和解释相结合，在描写的基础上，论证"是"字句的同构性，解释与之密切相关的语法现象。

语料验证法。语言事实是语言研究的基础，也是语言研究最重要的检验标准。运用前贤"是"字句研究中的例句，以及从语料库中筛选出来的大规模语料，我们拟对本课题研究中所得到的相关结论进行验证，并对例外进行解释。

第四节　符号和语料说明

本书采取的符号与通行的符号基本一致。名词性结构用"NP（Noun Phrase）"表示，动词性结构用"VP（Verb Phrase）"表示，形容词性结构用"AP（Adjective Phrase）"表示，数量结构用"QP（Quantity Phrase）"表示，介宾结构用"PP（Preposition Phrase）"表示，从句（或称之为"小句""命题"等）用"CP（Complementizer Phrase）"表示。

例证和图表均分章重新编号，如"（1.2）"表示第一章的第二个例句，

"图 2-2"表示第二章的第二个图,"表 3-2"表示第三章的第二个表。

本书所用的例证大多出自前贤们的研究成果,为了叙述方便,删去了少量例句中与本书无关的成分。所援用或转引自相关文献的例句,都会在其后注明其来源为此相关文献,而不再注明其原本的出处。例如:

（1.7）陈婴者,故东阳令史。 　　　　　　（吕叔湘,1944）

例句（1.7）是《史记·项羽本纪》中的例子,我们这里只在句末标明本例句转引自吕叔湘(1944),而不再表明其原本的出处。如果引用某位学者某一年论著中的一组例子,会在这组例子的下一行用右对齐注明来源。例如:

（1.8）a. 长江是中国第一大水。

　　　　b. 陈婴者,故东阳令史。

　　　　c. 天下者,高祖天下。

　　　　d. 南阳刘子骥,高尚士也。

　　　　　　　　　　　　　　　　　　（吕叔湘,1944）

两位作者的文献,只列举作者的姓氏;三位作者的文献,只列举第一作者姓名,其他作者用"等"表示;外文论著,只列举作者的姓氏。比如,引用黄伯荣、廖序东先生 1980 年的论著,只注明"黄、廖,1980";引用朱德熙,卢甲文和马真先生 1990 年的论著,只注明"朱德熙等,1990";引用 Terence Parsons1990 年的论著,只注明"Parsons,1990"。举例如下:

（1.9）鲁迅是伟大的革命作家。 　　　　　（黄、廖,1980）

（1.10）a. 去是有道理的。

　　　　 b. 不去是有道理的。

　　　　 c. 暂时不去是有道理的。

　　　　 d. 他暂时不去是有道理的。

　　　　　　　　　　　　　　　　　　（朱德熙等,1990）

（1.11）Brutus stabbed Caesar。 　　　　（Parsons,1990）

还有些语料来自北京大学中国语言学研究中心现代汉语语料库（http：//ccl. pku. edu. cn：8080/ccl_ corpus/index. jsp）、中国传媒大学媒体语言语料库（http：//ling. cuc. edu. cn/RawPub/）、北语语料库（http：//bcc. blcu. edu. cn/）、国家语委现代汉语语料库（http：//www. cncorpus. org/）、"台湾中央研究院"语言学研究所现代汉语平衡语料库（http：//dbo. sinica. edu. tw/SinicaCorpus/）等，为了叙述方便，删去了例句中与本书无关的成分，另有一些内省语料和平日言谈中记录的语料等，不再注明出处。

第二章 "S 是 X"的相关句法现象

"是"在多个现代语言学研究领域备受关注，研究文献十分丰富。现代汉语中的"是"，可以用做形容词、代词、副词、动词等，表示"正确""这（个）""的确"等义，或表示判断。例如：

(2.1) a. 应该早做准备才是。　　　　　　　　（形容词）
　　　　b. 是可忍，孰不可忍？　　　　　　　　（代词）
　　　　c. 这本书是好，你可以看看。　　　　　（副词）
　　　　d. 这是语法书。　　　　　　　　　　　（动词）

而本书所论的判断性事件是指"是"字在句中具有动词用法的事件，主要包含以下两种语表形式：

　　Ⅰ式：S 是 X。
　　Ⅱ式：S 是 X 的。

本章以语表形式为"S 是 X"的判断性事件为观测点，考察"S 是 X"相关的重要句法现象。文中未做特殊说明的"是"均为非重读的"是"。

第一节 "S 是 X"的相关研究

总体来看，关于判断性事件"S 是 X"的相关研究多分别从句法结构或语义、语用等角度对其进行研究，主要包括"是"的词性、"是"的历时发展、"是"和"是"字句的方言变体、"是"的语义、"是"字句的逻辑和分类、"是"字句的对比研究、跟"是"有关的各种特殊句式等。本章主要涉及"是"

的属性、"是"字句的逻辑意义和分类等。

（一）关于"是"字属性的研究

关于汉语中的"是"，前贤们分别从不同的视角进行了界定。马建忠（1898）称之为"断词"或"决词"，用于表决断口气，"参于起表两词之间"；吕叔湘（1953）称之为"非活动行为的动词"；洪心衡（1987）称之为"判断词"，并指出它应算动词性的。丁声树等（1961）、Chao（1968）、朱德熙（1982）、黄伯荣和廖序东（1980/2017）[①]等均称之为"表判断的动词"或"判断动词"。这些名称主要从"是"的意义着眼，根据其语法意义为其命名。

还有一些观点主要从其组合形式着眼，根据其句法功能而命名。例如，黎锦熙（1924）称之为"同动词"；高名凯（1948）、王力（1954）、Li & Thompson（1981）等称之为"系词""系动词"；Yen（1986）、Norman（1988）在称之为"系词"的同时，指出"是"首先是作为"肯定词"进入汉语的；龙果夫（1958）认为汉语的系词"是"在某些方言有"从独立的词变成后附词的趋势"，这种后附词"令人不再意识到它是系词，而感觉它是名词谓语句里的一种主语语尾了"；Chao（1968）详细比较了动词"是"与其他谓词的语法特征，把"是"归为及物动词，同时又指出当它表示主语跟宾语相等时是系动词。系动词（Copula）来源于拉丁语的"copulare"，意为"连接"，没有实在意义，在句中起连接的作用。例如：

   （2.4）明天是端阳。   （Chao，1968）

关于"是"的词性，或认为有两种词性，或认为只有一种词性。"双词性说"一般把"是"区分为表判断的动词和表强调的副词，是较为普遍的一种观点，如中国科学院语言研究所语法小组（1952）、吕叔湘（1953）、王力（1954）、邢福义（1981）、胡裕树（1979/1987）、黄伯荣和廖序东（1980/2017）、范晓（1998）等。

中国科学院语言研究所语法小组（1952）认为动词"是"后边的名词、代

---

① 其依据主要是看"是"后是体词还是谓词成分：表示判断的"是"字句，宾语是体词性的；不表示判断的"是"字句，宾语是谓词性的。

词（或名词性的词或词组）是其宾语，如（2.5a-b）；认为"是"后边跟形容词或动词的时候，"是"表示"的确、确实、实在"，如（2.5c-d）。

(2.5) a. 那是我买来的笔。

b. 朝鲜也是历史悠久的国家。

c. 他是聪明。

d. 金桂见姐夫是帮自己的。

（中国科学院语言研究所语法小组，1952）

中国科学院语言研究所语法小组（1952）、吕叔湘（1953）认为动词"是"后边为名词、代词（或名词性的词或词组）时，"是"本身没有多少意义，只有肯定的作用，如（2.6a）；而当后边是动词或形容词的时候，就表示强调，如（2.6b-c）。

(2.6) a. 明天是星期六。

b. 风是那么大，雪是那么深。

c. 我是不去。

需要注意的是，上述研究并未将重读和非重读的"是"区分开来。如果将重读的"是"替换为"的确、确实"，则句子意义不变；而如果将非重读的"是"替换成"的确、确实"，则句子意义会发生变化。例如：

(2.7) a. 他的确/确实聪明。

b. 金桂见姐夫的确/确实帮自己的。

c. 风的确/确实那么大，雪的确/确实那么深。

d. 我的确/确实不去。

邢福义（1981）认为动词"是"表示判定的时候，后面可以加名词或名词性结构，也可以加动宾结构、主谓结构、兼语结构等，回答"什么"的问题，如（2.8a-b）。但后面的词语也有不能回答"什么"这个问题的，如（2.8c-d）。

(2.8) a. 是老虎。

b. 我们的任务是攻占高地。

c. 他不是当演员，而是当老师。

d. 我第一次见到他是在张先生家。（不是在别的地方）

（邢福义，1981）

还有一种"是"，可以归为助动词，用在动词或形容词前面表示肯定或有所强调的辅助作用。例如：

(2.9) a. 我是懂了。

b. 你是不是懂了。

c. 我不是不懂，是不想说。

（邢福义，1981）

其中例 (2.9c) 中"是"和"不是"是对举的，显然表示的是与"否认"相对应的"是认"，或者说是肯定的判断。

通用《现代汉语》教材（胡裕树，1979/1987/2016；黄伯荣和廖序东，1980/2011/2017）等把"是"分为表示判断的动词和表示强调的副词，其分类标准为"是"的后成分的语法属性：当后成分为体词性成分时，"是"为动词，表示判断，表示事物之间的等同、从属关系，事物的特征、质料、情况，或事物的存在等；当后成分为谓词性成分时，"是"字重读，是副词，表示强调。分别举例如下：

(2.10) a. 老舍就是《骆驼祥子》的作者。

b. 牛是反刍动物。

c. 这孩子是双眼皮。

d. 这茶盘是景泰蓝。

e. 这一年，人家是丰年，我是歉年。

f. 教室前面全是菊花。

g. 遍地是牛羊。

（黄、廖，1980）

(2.11) a. 他的性格是变了。

b. 他是走了。

c. 我们的战士是勇敢。

（黄、廖，1980）

但是，"是"位于谓词性成分前，且不重读，是十分常见的。张斌（2001）就明确指出动词或形容词前边的"是"为副词，分两种不同的用法：可以带有说明申辩的口气，不重读，可以省略。例如：

(2.12) a. 我是随便说说，请不要在意。

　　　 b. 这料子不是太贵，可我忘了带钱。

　　　 c. 我是找过他，但没有找到。

（张　斌，2001）

也可以加强肯定的口气，一般重读。例如：

(2.13) a. 昨天，我是参加了会议。

　　　 b. 我是读过他写的小说。

　　　 c. 气候是变暖了。

　　　 d. 工作是很忙。

（张　斌，2001）

以上的"双词性说"均受到了"单词性说"的质疑。认为"是"只有一种词性，且明确指出其词性的，又分为两种不同的观点：一种观点把"是"认定为语气副词，如姚亚平（1981）；另一种观点把"是"认定为动词，持此观点的有丁声树等（1961）、Chao（1968）、吕叔湘（1980）、朱德熙（1982）、杨石泉（1987）、张和友（2004、2012）、曾骞（2013）等。

姚亚平（1981）根据"是"在名词谓语句、非名词谓语句和特殊句型中的分布情况考察，指出文献中对"是"字词性归属上的问题：在名词谓语句中主要起判断作用，如（2.14a），在非名词谓语句中只起强调作用，如（2.14b），而在特殊句型中既起判断作用又起强调作用，如（2.14c）。

(2.14) a. 谁是林老板？

　　　 b. 是我错怪了他。

　　　 c. 她是去年生的小孩。

（姚亚平，1981）

　　姚亚平（1981）指出，不管是判断还是强调，在本质上都只是表达一种强调、肯定的语气，其词性都是副词性的。同时，列举了将其分析为副词性的优势：①能较好地处理"是"算什么成分的问题；②能紧紧把握划分名词谓语句的标准；③有利于分析特殊句型（"是"出现的第三种情况）。认为只有把"是"划分为副词，才能准确地概括"是"的各种分布情况，并能照顾到各种"是"字句的语法分析。

　　这种分析最明显的问题是无法解释范晓（1998）所列举的"是"为动词性的五点理由：能接受副词修饰限制，能带宾语，可跟助动词结合，能用肯定和否定相叠的形式发问，可以单独回答问题。分别举例如下：

　　（2.15）a. 弟弟和妹妹都是中学生。

　　　　　　b. 他是老师。

　　　　　　c. 受表扬的应该是他。

　　　　　　d. 明天是不是星期二？

　　　　　　e. 小张是上海人吗？是。

　　　　　　　　　　　　　　　　　　　　　　　　（范　晓，1998）

　　丁声树等（1961）详细列举了"是"的六种用法，并指出其动词的性质。朱德熙（1982）也专门用一节讲解了含动词"是"的谓语，不但认为"是"是动词，还把"是"之后的成分称为"宾语"，"是"后的"宾语"可以是体词性成分①，如（2.16a）；也可以是谓词性成分，如（2.16b）和（2.16c），这时往往表示对比。

　　（2.16）a. 昨天是星期天，不是星期一。

　　　　　　b. 他是去接人，不是不是去送人。

　　　　　　c. 我是不知道（不是不是故意的）。

　　　　　　　　　　　　　　　　　　　　　　　　（朱德熙，1982）

　　其实，判断就是表达说话者的"是认"或"否认"，即肯定什么、否定什

---

① 朱德熙（1982）指出"X 的"结构是体词性结构，做"是"的宾语。例如：这杯水是干净的。这件毛衣是他自己织的。

么，是什么、不是什么。因而，判断句均带有对比的性质，具有对比性。

吕叔湘（1979）统一了"是"的作用和用法："'是'字的基本作用是表示肯定，联系、判断、强调，都无非是肯定，不过轻点儿重点儿罢了。……'是'的肯定作用的强弱是渐变的，不是顿变的，跟不同句式的相关也只是相对的，不是绝对的。"此后，吕叔湘（1980）明确指出了"是"具有动词性，认为其主要起肯定和联系的作用，并可以表示多种关系。

曾骞（2013）继承了沈家煊（2007、2010）关于动词是名词的一个次类的观点，从动词短语指称语和陈述语双重身份的角度，证实了"是"无论位于名词性成分还是动词性成分前都是判断动词。

我们同意从词性上将非重读的"是"处理为动词，且"是"具有不附"着""了""过"，不带动量补语，不能用"没"否定，没有重叠形式，不能构成"是的 N"的形式（Chao，1968，范晓，1998）。但是"双词性说""单词性说"这两种观点都没有把"是"重读和非重读的情况分别进行考察。事实上，"是"的词性与其是否重读有关，重读的"是"是副词，非重读的"是"是动词[①]。

除此之外，还有另外一种观点，即"焦点说"或"演化说"，如 Teng（1979）、徐杰（2001）、石毓智和徐杰（2001）、张军（2005）、张和友（2012）等。

Teng（1979）认为将"是"看作焦点标记还是主动词是个难题，因为"是"可以被否定，可以进入副词的辖域。例如：

（2.17）a. 不是他不要去。

　　　　b. 可能是他不去。

　　　　c. 是他可能不去。

　　　　　　　　　　　　　　　　　　　　　　　　　（Teng，1979）

徐杰（2001）认为"是"既是判断系词又是焦点标记词，二者在词类归属

[①]　另有研究认为是助动词、语气助词、焦点标记词等，但主要集中在对"是……的"句的讨论中，关于"是"是否重读的情况考察，我们将在第六章"'是'的性质"中详述，也可参见屠爱萍（2013a），此处不赘。

上都是动词，"所以把它当焦点标记词使用的同时，还要保证它能够遵循动词的规则"。表示判断和标记焦点是系词"是"表达意义和信息传递两方面体现出来的不同功能，我们对以上所举出的所有例句的验证，表明判断性事件"S 是 X"中"是"均能表示判断，且均能标记其后成分为全句的信息焦点。

石毓智、徐杰（2001）通过跨语言的考察证明，"判断系词会自然地向焦点标记演化"。张军（2005）也指出焦点标记和判断标记是密切相关的，当说话人需要强调时，往往会选择用系词，系词自然也就成了焦点标记：①从表义上说，判断系词主要表达说话人的主观态度，充当判断（肯定）标记，语用功能突出。②从位置上说，判断句的自然焦点是系词联系的后项，判断句的自然焦点带有对比性，所以系词就容易虚化为专用的焦点标记。同时，张军（2005）基于跨语言的研究，指出汉藏语系许多语言的系词有标记焦点的语用功能。系词充当焦点标记具有跨语言的普遍性，原因也与此有关。这些观点主要从其信息传递功能着眼，根据其标记焦点的功能而命名。

张和友（2012）通过对"是"字结构的考察，指出现代汉语中各类"是"因其所处的表层句法环境不同而呈现出普通系词、焦点标记、语气功能词等种种差异，实际上可以看作断定系词因语（义）用因素影响而形成的句法变体。"是"字结构中的"是"的功能是相同的，都表示说话者的一种断定。

从以上的综述可以看出，关于"是"的属性，文献称"是"为系动词、判断动词或"焦点标记"等，均是从不同角度命名的。基于以上研究，我们可以把文献中关于"是"为系词、提升动词、判断动词、焦点标记等观点统一起来：

从句法上说，它是一个提升动词，选择一个小句作为补足语，并引发主语提升移位；从语义上说，它表示肯定和判断，独立于其补足语的子事件之外；从信息传递的功能来说，它具有标记其后成分为信息焦点的功能。

（二）关于"是"前后成分的研究

对判断性事件"S 是 X"的分类，依据主要有两点：一个是"是"前后成分的语法性质，一个是"是"前后成分的语义关系。前者着眼于语言的组合形式，用的是形式标准，后者着眼于语言所表达的意义，用的是意义标准。

有些研究从形式出发，讨论不同形式类型"是"字句中"是"的前后成分的语义关系。例如，李健（1987）将其分为六类：（a）主语+"是"+体词；（b）主语+"是"+"……的"；（b）"是"+"……的"；（c）"是"+动（形）；（d）主语+"是"+小句；（e）"是"+小句；（f）主语+"是"+介+宾。

范晓（1998）指出，"是"字句由三部分构成，主语、谓语动词"是"和宾语。其中，主语和宾语均可以是名词性词语、动词性词语、形容词性词语、主谓短语等。其基本结构可分以下四种：①"名是名"式；②"名是非名"式；③"非名是名"式，④"非名是非名"式。但正如李健（1987）指出的，只分析表层结构很难揭示深层意义，必须从逻辑意义上分析，这样才有实用和研究的价值。

尽管组形结构是进行语言分析的第一依据，但要想达到对其真正的理解，还应该延伸到释义和信息传递的层面。从意义出发的研究，多集中于讨论不同意义类型的"是"字句的前后成分的特点。例如，Chao（1968）、丁声树等（1961）、吕叔湘（1980）、朱德熙（1982）等都在描写"是"的用法时，谈到了"是"字句以及省略"是"字的句式（名词句）主要用来表示"相等""解释和分类"以及"肯定"等意义，表达"是"前后词语之间的某种逻辑关系。比如种属、等同、特征、质料、存在、领有等（Chao，1968；吕叔湘 1979；李健1987；范晓 1998；蒋严、潘海华，1998 等）。

他们对"是"字句的基本作用看法相近，认为"是"字句表示"解释和分类""表示主语跟宾语相等""表示主语属于哪一类"或者"表示同一和类属关系"等。Chao（1968）认为"是"字句可以表达相等、类属、存在以及其他各种各样松散的关系；吕叔湘（1980）认为"是"字句可以表达等同、归类、特征或质料、存在、领有以及其他（比如扮演、衣着、费用等）关系；朱德熙（1982）指出"是"字句表达主宾语之间的同一关系、成员与类的关系，或者表达宾语所指事物存在于主语所指处所，以及其他非逻辑句表达的、可根据具体语言环境确定的其他各种关系；李健（1987）根据"是"字句可以表达的逻辑关系列举了十类判断句，分别是等同、归属、存在、关系、比况、时空、凭借、评估和确认判断句；范晓（1998）认为"是"联系着两个论元，两者之间的联系是多种多样的，大概分为四种类型：等同、归类、存在和领有关系。

由于判断性事件的命题意义主要反映对象间的关系状态，这里我们整合了文献中所论及的各种关系。几乎所有研究"S 是 X"格式的学者都指出了其等同（同一）关系、类属（归类）关系和存在关系。

1. 等同

"是"的前后成分的所指相同。谈论的前后成分相互等同，可描写为"S = X"。例如：

(2. 18) a. 发现新大陆的（人）是哥伦布。　　（黎锦熙，1924）

b.《阿Q正传》的作者是鲁迅。　　（吕叔湘，1980）

c. 李先生是我们的国文老师。　　（汤廷池，1979）

d. 他的缺点是听不进去意见。　　（李临定，2011）

"是"的前成分和后成分一般可以互换，且意义可以保持不变。"S = X"可以变换为"X = S"。例如：

(2. 19) a. 哥伦布是发现新大陆的（人）。　　（黎锦熙，1924）

b. 鲁迅是《阿Q正传》的作者。　　（吕叔湘，1980）

c. 我们的国文老师是李先生。　　（汤廷池，1979）

d. 听不进去意见是他的缺点。　　（李临定，2011）

2. 类属

"是"的前成分在外延上隶属或归属于后成分，即"S 属于 X"。X 代表的是一类事物，是类称概念，S 通常是 X 的个体成员或小类。例如：

(2. 20) a. 鸟是动物。　　　　　　　　　　（黎锦熙，1924）

b. 他是回民。　　　　　　　　　　（Chao，1968）

c. 他是山西人。　　　　　　　　　（吕叔湘，1980）

d. 他是外科医生。　　　　　　　　（朱德熙，1982）

"是"字后成分也可以表示特征或质料，是表示类属的一种特殊形式，这种情况"是"的后成分一般要有修饰语。例如：

(2. 21) a. 这小孩是黄头发。 （吕叔湘，1980）

b. 这张桌子是三条腿。 （吕叔湘，1980）

c. 小王是高个子。 （张 军，2005）

3. 存在

"是"的前成分是空间、处所或某区域，对某范围存在的事物或发生的事件进行判断，属于"是"字存现句。例如：

(2. 22) a. 后头是个金鱼缸。 （Chao，1968）

b. 山坡上全是栗子树。 （吕叔湘，1980）

c. 东边是一块玉米地。 （朱德熙，1982）

d. 桥下是好几丈深的大山洞。 （李临定，2011）

e. 地上净是水。 （张 军，2005）

除此之外，文献中列举的还有表示各种其他关系，主要包括：领有（吕叔湘，1980；朱德熙，1982；范晓，1998等）、比喻或比况（吕叔湘，1980；李健，1987；朱斌，2002；李临定，2011等）、时空（李健，1987等），以及关系、扮演、年龄、排行、费用、数目、衣着（李临定，2011；屠、钱，2022等）、活动、情状、原因、目的、方式、手段、时间、方所（朱斌，2002；屠爱萍，2022等）。分别列举如下：

4. 领有

"是"的前成分一般为名词性成分，"是"可替换为"有"。例如：

(2. 23) a. 我们是一个儿子，一个女儿。 （吕叔湘，1980）

b. 他是两个男孩儿。 （朱德熙，1982）

c. 他是六张。 （李临定，2011）

5. 比喻（比况）

"是"的前后成分之间存在比喻和被比喻关系。例如：

　　(2.24) a. 人是铁，饭是钢。　　　　　　（吕叔湘，1980）

　　　　　 b. 二叔是解放前的女孩子呀，不敢出门。

　　　　　　　　　　　　　　　　　　　　　（李临定，2011）

　　　　　 c. 九里山是咸榆公路的咽喉。　　（李　健，1987）

　　　　　 d. 书籍是人类进步的阶梯。　　　（朱　斌，2002）

　　　　　 e. 兴趣是最好的老师。　　　　　（张　军，2005）

6. 时空

"是"的前成分存在于后成分表示的某个时空。例如：

　　(2.25) a. 火车从北京开出是早上五点。　（吕叔湘，1980）

　　　　　 b. 我们上班是早晨七点半。　　　（李　健，1987）

　　　　　 c. 他们相识是在战火纷飞的年代。（朱　斌，2002）

　　　　　 d. 我们两个的村子，一个是河东，一个是河西。

　　　　　　　　　　　　　　　　　　　　　（吕叔湘，1980）

　　　　　 e. 两棵枣树都是在前院。　　　　（朱　斌，2002）

7. 关系

"是"的前成分为两个或两个以上个体，这些个体之间存在某种关系。

　　(2.26) a. 我们是同学。

　　　　　 b. 我们的关系是同学的关系。

　　　　　 c. 到底现在我和王小四是官长和伙计。

　　　　　　　　　　　　　　　　　　　　　（李临定，2011）

　　　　　 d. 李老师和金老师是同乡。　　　（屠、钱，2022）

　　　　　 c. 李白和杜甫是诗友。　　　　　（屠、钱，2022）

8. 扮演

"是"的后成分表示的是前成分扮演的角色。例如：

(2. 27) a. 角色就这么定吧，你是大春，她是喜儿。

（吕叔湘，1980）

b. 你是白毛女。 （李临定，2011）

c. 你是小生，小华是花旦。 （李临定，2011）

9. 年龄

"是"的后成分表示的是前成分的年龄。例如：

(2. 28) a. 他是十岁。 （李临定，2011）

b. 我家孩子是六岁。

10. 排行

"是"的后成分表示的是前成分排行。例如：

(2. 29) a. 他是老四。 （李临定，2011）

b. 在家里，我是老大；在宿舍，我是老小。

11. 费用

"是"的后成分表示的是前成分的费用。例如：

(2. 30) a. 一份客饭是八毛钱。 （吕叔湘，1980）

b. 一个工是一块五。 （李临定，2011）

c. 可是一顿涮羊肉就是五六块。 （李临定，2011）

d. 从北京到武汉的火车票是两百元。（朱 斌，2002）

12. 数目

"是"的后成分表示的是前成分的数目。例如：

(2. 31) a. 这首诗是八行。 （李临定，2011）

b. 短期班是十五人，长期班是十八人。

  c. 一见面，他照我的眉数上就是一拳。

  d. 接着，这个黑影对着那个黑影又是两枪。

（屠、钱，2022）

13. 衣着

"是"的后成分表示的是前成分的衣着。例如：

  （2.32）a. 他还是一身农民打扮，跟原先一样。（吕叔湘，1980）

      b. 他这些顾客，多是短衣。   （李临定，2011）

      c. 她今天是一袭白裙。   （朱　斌，2002）

      d. 他不讲究，总是一身中山装。 （张　军，2005）

  当"是"的后成分是谓词性成分时，常常带申辩的口气，表示对方式、手段、目的、活动、情状、评价或解说等。

14. 方式或手段

"是"的后成分是前成分的方式或手段。例如：

  （2.33）a. 那时候国民党是飞机加大炮，我们是小米加步枪。

（吕叔湘，1980）

      b. 他们学习英语是通过电视。 （朱　斌，2002）

      c. 以前是手提肩挑，现在是水运陆运一起上。

（朱　斌，2002）

15. 目的

"是"的后成分是前成分的目的。例如：

  （2.34）a. 开这个会不是为了走走形式，是要真正解决问题。

（朱　斌，2002）

      b. 我这次来不仅仅是为了学习，也是为了多了解中国。

16. 活动

"是" 的后成分是前成分的动作、行为。例如：

> (2. 35) a. 人家是送米不是送米袋子。
>
> b. 我们是是的话剧，不是看的电影。
>
> c. 一路上，大家是有说有笑。

（朱 斌，2002）

17. 情状

"是" 的后成分是前成分的性质、状态。例如：

> (2. 36) a. 屋子里不是太冷而是太热。
>
> b. 不是说我讲错了，是他记错了。
>
> c. 剑云的脸色变红了，这是由于他的诚挚、兴奋的谈话。

（朱 斌，2002）

18. 评价或解说

"是" 的后成分是对前成分的评价或解说。例如：

> (2. 37) a. 打是疼，骂是爱。　　　　（范 晓，1998）
>
> b. 民主和科学是社会发展的总趋势。（朱 斌，2002）
>
> c. 新中国的诞生是马列主义、毛泽东思想的伟大胜利。

（吕叔湘，1980）

也有些学者将形式标准和意义标准结合起来，比如，吕叔湘（1980）根据谓语主要部分的语法性质将 "是" 字句分为五类：（a）主+"是"+名；（b）主+"是"+"……的"；（c）……的 "是"+名/动/小句；（d）主+是+动/形/小句；（e）主+"是"+介……；（f）"是"+小句。继而，根据意义将这五种形式类型进行了更为细致的划分，共分为二十小类。李临定（2011）根据形式标准，将 "是" 句型分为十八小类，并根据意义将这五种形式类型进行了更为细致的划分，共三十三小类。这种分类方法的主要问题在于下位类别之间容易产生交叉。比如，李临定（2011）中的"24.15'名+是+动/小句'"和"24.19'名+是+动'"就不容易区分。

另外，判断性事件"S 是 X"还常被分为符合逻辑和不符合逻辑①两类，上述第一类和第二类，即表示等同和类属的，是符合逻辑的"逻辑句"，其他是不符合逻辑的"非逻辑句"。这里所谓"非逻辑句"就是把两种事物或两种现象根据一定的语义关系放在同一个句子中，其非逻辑性在于前后项的语义关系不是一般判断性事件的"等同"和"类属"关系，而是对主语做出违反常识的判断。例如：

> （2.38）a. 我是中文系，他是历史系。　　　　（朱德熙，1982）
>
> 　　　　b. 我是米饭，他是面条。　　　　　　（张　军，2005）
>
> 　　　　c. 玫瑰是绿色。（水仙是红色。）　　　（张、邓，2010）
>
> 　　　　d. 狐狸是一个洞。（野兔是三个洞。）（张、邓，2010）
>
> 　　　　e. 一个洞是狐狸，一个洞是土狼。　　（张、邓，2010）

例（2.38a）中，一个人无论如何不可能等同于"中文系"，也不可能具有"中文系"的性质，因而，该句被认为是不符合逻辑的。Chao（1968）认为该类事件因为字眼省略的缘故，使得主谓关系要是在别的语言里就不合文法了。符合逻辑和不符合逻辑之间的界限是模糊的，如果说"等同""类属"这种常见的是符合逻辑的，那么表示存在，时间也比较常见，算不算符合逻辑呢？

Chao（1968）所谓"是"可以表达除"相等、类属、存在"外其他各种各样松散的关系，也反映了符合逻辑和不符合逻辑之间界限的模糊性。吕叔湘（1980）对"是"字意义的讨论也反映了这一点，吕先生并没有在"等同、类属"和"扮演、衣着、费用"等意义之间划一道泾渭分明的分界线。"是"在非逻辑表述中的意义是表达主谓语之间某种不同于类属或等同关系的判断，比如表达"时间、地点、领有、扮演"等依语境而定的种种二元关系。

张和友、邓思颖（2010）指出，西方传统逻辑把印欧语的判断性事件刻画

---

① 张和友、邓思颖（2010）认为"不合逻辑"的说法不够准确，因而援用了"特异"的命名，称之为"特异性'是'字句"，认为特异性"是"字句比不合逻辑句外延要宽。

为"S（不）是P"，语义上可以概括为"等同"和"成素/类"两种。进而可以将"等同"看作"成素/类"的特例，即类中只含有一个成素，传统逻辑对判断性事件的语义概括其实就是"成素/类"。然而，以此为标准，汉语的很多"S是X"都"不合逻辑"。

黄居仁（2004）基于大规模语料的分析，指出了歧义性和词频之间的正相关性："语言产生歧义，受其使用次数的影响。使用次数愈多，愈有可能产生新用法、新功能。""是"字句符合逻辑和不符合逻辑的判断同样受使用频率的影响，使用频率越高，感觉越符合逻辑。从使用频率看，对等同和种属关系的判断最高，且在语表上"是"占据了某些表述空动词的句法位置，使语言使用者常误以为"是"可以表示等同和种属关系。上述问题的根源在于既相互对立又相互统一的两个原因：一方面"是"的功能很多，如表示两者之间的关系、表示判断、表示强调、标记焦点等，缺少对其进行统一的解释。另一方面副词"是"和动词"是"在书面语里形态相同，又使"是"字的同一性具有强烈的心理现实性。

如果将"是"解释为"等同"或"属于"，那么也可以解释为"存在"，甚至是"扮演""吃""拿""选"等。这样就赋予了"是"过多的责任，使之成为一个万能的动词，因而，是不可取的。那么，"是"是多义词吗？该如何看待"NP+是+NP"中"是"的意义？能否给予此类结构中"是"统一的语义解释？"是"到底有没有同一性？如果有，那么表现在哪些层面？下面我们尝试对这些问题进行解释。

第二节　"S是X"中的重要句法现象

我们借用 Stowell（1978）、Heggie（1988）、Heycock（1992）和 Moro（1997，2000）等用以分析英语系动词结构的"提升分析法"（Raising Analysis），且基于 Tu & Zhang（2013）、屠爱萍（2013b、2015b）等对现代汉

语非名词性空语类的研究，认为汉语判断性事件"S 是 X"的表层结构和深层结构①常常是不一致的。汉语判断性事件"S 是 X"由提升动词及其补足语子句构成，且其补足语子句中常常含有空语类，空语类虽然以隐性的形式存在，但却和显性形式有着同样的句法功能和语义功能，是事件分析中必不可少的成分。

（一）含"是"的提升结构

"提升分析法"认为，英语中提升动词的补足语子句为非限定性时，一方面"格位过滤器"（Case Filter）要求句子中所有以显性形式存在的名词性词语必须得到格位，否则就不合法（ungrammatical），为了满足格特征核查的需要，补足语子句的主语移位到主句 IP 指示语位置上获得主格。另一方面扩充的投射原则（Extended Projection Principle，简写为"EPP"）要求每个句子都必须有主语②，补足语子句的主语也必须移位到主句 IP 指示语位置上，从而生成（2.39a）类的句子。如果其补足语（Complement，或称为"补语""宾语"）从句为限定性的，则不发生成分移位，而是将一个不具语义实质的虚成分（Expletive）"it"直接插入主句 IP 的指示语位置，从而生成（2.39b）类的句子。例如：

(2. 39) a. John seems to like ice cream.

b. It seems that John likes ice cream.

（Chomsky，1981）

英语中的提升动词包括"seem、appear、tend、happen、use、be likely"等（Chomsky，1981；Baker，2002、2005）；汉语中包括"似乎""应该""可以"等（曹逢甫，1996；刘爱英和韩景泉，2004 等）。关于英语和汉语中常见提升动词及其补足语的句法结构，可图示如下图 2-1：

---

① 表层结构（Surface Structure）和深层结构（Deep Structure）是 Chomsky（1965）提出的一对语法范畴，前者是言语显现在外的形式结构，后者结构是指语言深层的语义结构，表层结构反映了句子成分的实际顺序，而深层结构则表达了基本的论元结构信息（温宾利，2002）。

② EPP 是针对英语语法特征提出的，汉语中虽然一般的句子都有主语，但也有很多没有主语的句子，即 EPP 特征不强。可参见 Chomsky（1981）、宋国明（1997）、邓思颖（2019）等。

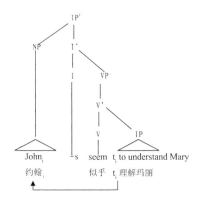

图 2-1 提升动词及其补足语

英语中的系词"be"也是一个提升动词，具有提升动词所具备的典型特征：充当谓词时，不能给主语指派论旨角色，没有外论元（External Argument），但是可以后接子句作补足语，并引发该小句中的主语成分提升移位至全句的主语位置（Chomsky，1981、1986、1995；Haegeman，1994；Radford，1997等）。

以上我们列举的英语中的"be"具有的所有提升动词的特征，现代汉语中的"是"同样符合，因而，我们可以类似地把"是"也处理为"提升动词"（Raising Verb）。"是"选择一个子句（Clause）作补足语，并触发其补足语中的成分移位至其原始的空位主语位置上。汉语判断性事件表层结构一般为"S是X"，而深层结构则为"是+SX"。如图 2-2 所示：

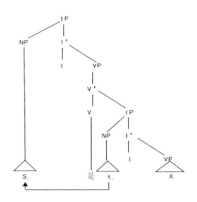

图 2-2 "S是X"的句法结构

运用该分析法可以对各判断性事件"S是X"中的"是"做出统一而合理的解释，且不和其他动词的语义发生冲突。从句法上说，该类事件是一个无主句，"是"总是选择一个子句作为补足语。从语义上说，在不同的"是"字句中，"是"均表示判断，可用以判断其前成分和后成分组成的子事件。最简单的判断性事件只有一个子事件，该子事件可以是名词谓语句、形容词谓语句、动词谓语句等，我们用"XP"表示。如图2-3所示：

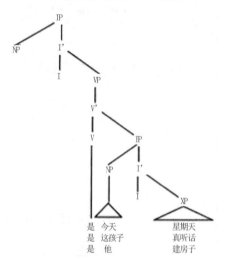

是　今天　　　星期天
是　这孩子　　真听话
是　他　　　　建房子

图2-3　"是"及其补足语成分

因而，"S是X"表示的事件是判断性事件，判断的对象（子事件）可能是行为子事件（Event）也可能是状态子事件（State）。可分别用符号标示为：

(2.40) a. $\exists s^①[$星期天$(s) \wedge$ Theme$(s)=$今天$]$

b. $\exists s[$真听话$(s) \wedge$ Theme$(s)=$这孩子$]$

c. $\exists e[$建$(e) \wedge$ Agent$(e)=$他$\wedge$ Theme$(e)=$房子$]$

但是，还有很多的判断性事件中存在一个或一个以上的子事件，甚至可以由几个下位的子事件组成。例如：

(2.41) 他没来是父亲病了。

---

① 本书用"s"表示"状态"（State)的，用"S"表示"主语"（Subject)，与通行符号相同。

其中，"是"字及其补足语是第一层的判断性事件，而判断性事件的子事件分别为"他没来"和"父亲病了"两个具有指称意义的事件。如图2-4所示：

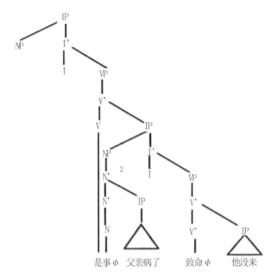

图2-4 "是"及其由多个下位子事件组成的补足语

两个子事件之间存在因果关系[①]，两个事件之间的关系类似于复句之间的关系，相当于一个事件链，我们称之为"事件链关系"。即存在一个事件，该事件由两个状态事件复合而成，表状态的事件一为"病"，表状态的事件二为"没来"。可用符号标示为（2.42）。

（2.42） $\exists e \exists s_1 \exists s_2 [e = s_1 \cup s_2 \wedge 病（s1）\wedge Theme（s_1）= 父亲 \wedge CAUSE（s_1，s_2）\wedge 没来（s_2）\wedge Agent（s_2）= 他]$

我们这里不区分静态的State和动态的Event，均以"事件"（Eventuality）表示。此外，我们同时可以看到深层结构相同而表层结构不同的情况。例如：

（2.43）a. 狐狸是一个洞。

b. 一个洞是狐狸。

（张、邓，2010）

---

① 根据我们对语料的观察，事件链关系的子事件之间一般均为表示"致使"的因果关系。

例（2.43）中两个句子的深层结构是一致的，均为"是"选择子事件"施事+空动词+受事/对象"做补足语，但例（2.43a）深层结构中的施事位于表层结构的主语位置，而例（2.43b）深层结构中的施事位于表层结构的宾语位置。这两个句子的区别在于信息传递的焦点不同，例（2.43a）中的提升动词"是"引起其补足语子句中的"狐狸"提升至全句主语位置，是一个句法操作。同时突显了新信息"一个洞"，不是"两个洞"或"一个巢"，将句子突显的"一个洞"置于宾语这个信息焦点位置。例（2.43b）是一种语用上的操作，想要突显的是深层结构中居于动词主语位置上的新信息"狐狸"，不是"兔子""老虎"等，将"狐狸"置于"是"之后的焦点位置。

关于信息传递的顺序，吕叔湘（1946）指出，汉语中很多句子都是遵从"由'熟'及'生'"的原则："把听者心里已有的事物先提出来，然后引出那个未知的事物""总之，是要把已知的部分说在前，新知的部分说在后"。"息序"（信息传递的顺序）是萧国政（1991）"传信语法"中的重要概念，"总的情况是'主（语）前，动（词）中，宾（语）后'。这是主线索"。因而，对于判断性事件"S是X"而言，信息的焦点为"是"之后的成分，例（2.43a）中需要突显的信息"一个洞"被置于信息焦点①的位置。

（二）"S是X"中的非名词性空语类

文献中关于"是"字句和事件结构的分析中，很少涉及对其中空语类的揭示。但是，空语类是事件分析中不可或缺的因素，分析现代汉语判断性事件结构，尤其需要揭示其中存在空语类现象。

1. 空语类及相关概念

"空语类"（Empty Category），又译作空范畴、虚范畴，是指语言结构中，

---

① 这里所谓的焦点不是"对比焦点""语用焦点"，而是"语法焦点"。"对比焦点""语用焦点"是借助语音手段、词汇手段或对比手段等显示或标记的句义表达重点，它可以是句子所传递的信息的任何部分，也就是 Jackendoff（1972）所谓与"预设"（Presupposition）相对应的"焦点"。而"语法焦点"是息序最后的新信息，也就是我们所谓最自然的信息传递中所要表达的焦点。关于焦点的类型，请参见 Jackendoff（1972）、萧国政（1991）、刘丹青、徐烈炯（1998a）和袁毓林（2003a、2012）等。

没有实际语音形式（语音）和书写符号形式（语形），但是却能推知其具体的语义所指内容的语言范畴①。需要指出的是，这里的"空语类"和"省略""虚成分""零形式"等概念是不同的。

"省略"是带有某种随意性的，比如如果单说动词"看"，我们无法确定有没有省略，如果省略了，那么到底省略了什么。比如，谁在看、在看什么、什么时候看、在哪儿看、怎么看、为什么看等。

"虚成分"（Expletive），也叫虚主语、空成分等，是一个结构中用以保证其合法性的无意义的成分，如（2.45）中"it"是为了满足"扩充的投射原则（EPP）"核查而存在的句法成分，没有任何语义内容。

（2.45）It is raining.

"零形式"（Zero）是某些领域一种分析法设定的抽象单位，在语流中没有任何有形的实现。例如，英语中的"sheep"（羊）和"deer"（鹿）的复数不加-s，"make"（使/做）的使役形式不加"-to"等，均为零形式。

而空语类则是受语法深层结构强制的空范畴。我们可以根据论元结构来判断某个结构是不是存在一个应该出现而没有出现的成分。出现了动词"看"，一定会存在某个生命体做施事（Agent），某个人或事物做受事/客体（Patient/Theme），这样的特点就决定了"看"这样的动词至少需要联系两个 NP 构成"NP_1+V+NP_2"的结构形式。可表达为：

$$（2.46）看，V，Agent（NP_1），\quad +\ [NP_2]$$
$$|$$
$$[Patient/Theme]$$

只要是语句中出现了"看"这样的动词，就可以确定存在主语和宾语两个位置，如果缺省了 NP_1 或 NP_2，就可说是存在空语类。这里的 NP_1 和 NP_2 是哪两个具体的词语是不确定的，但无论出现或者不出现词语、出现什么词语，都不能影响 NP_1 和 NP_2 句法位置的存在。所以，省略主要是指没有出现的某个具体的"词语"，而空语类则是指没有出现词语的某个句法"空位"。

---

① 关于空语类的界定，可参见 Chomsky（1981）、Huang（1982）和 Xu（1986）等。

作为空的语法范畴，空语类与空的语义范畴也是不同的，空的语义范畴是"无止境"的。如俞士汶（2003）关于空的语义范畴的例子：

(2.47) a."我买了辆车"

　　　　b. 意思 1：我付钱从某处购买了一辆车。

　　　　c. 意思 2：我拥有了一辆车。

　　　　d. 意思 3：我可以使用这辆车。

　　　　e. 意思 4：我的钱都花完了。

　　　　　　……

而空语类处于语法深层结构中，受语法结构强制，是语法成分在应该出现的位置上留下的"空位"，是确定的，具有系统性，而不是随意性的，通过揭示空语类能保证语法结构的一致性。

空语类理论在"管约论"（"GB"理论）中占据了极为重要的地位[①]。Chomsky（1981）根据［±照应性］和［±代词性］两条标准，可把空语类分成四类："NP 语迹"（NP-trace）、"变项"（variable，或 WH-trace）、"空代词" PRO 和 pro。英语中有三种空语类："NP 语迹""变项"和"空代词"PRO，pro 在英语中基本上不存在。PRO 和 pro 的区别是，PRO 出现在不定式句的主语位置上，pro 出现在定式句的主语位置上，存在于具有丰富形态标记的"空代词语言"（pro-drop language，或译为"pro 脱落语言""代词脱落语言"）中。西班牙语和意大利语等"空代词语言"可以省略代词性主语，pro 相当于主语位置上的空的代名词[②]。

黄正德（Huang，1982、1984、1987 等）、徐烈炯（Xu，1986）、沈阳（1994）、胡建华（1997）、李艳惠（2005、2007）等将"空语类"引入现代汉

---

① Chomsky（1981）已经强调了空语类研究的重要性：能最好地探索哪些因素决定句法表达式以及它们的形成规则，这些特点不大可能从能观察到的外部现象中归纳出来，而可以认为是反映了心理的内在缘由。

② 西班牙语的人称代词常常可以通过动词的变位推测出来，采用了无语音的隐性形式。例如：

ØYo No creo que señor wang venga hoy.

ØYo　　no　　creer　que　señor　wang　venir　hoy

Ø我(主格) 不相信(现在时)(连接词) 先生　王　来(现在时) 今天

我不相信王先生今天会来。

语研究，对空语类的类别、真空位等进行了一系列的探索：黄正德（Huang，1982、1984、1987 等）认为 Chomsky 对空语类的划分适用于汉语，在汉语语言学研究中需要鉴别不同类型的空语类。徐烈炯（Xu，1986）指出汉语只有一种空语类——FEC（Free Empty Category）。沈阳（1994）采用形式化的手段对汉语进行了句法结构分析，归纳出现代汉语的三种基本句位，并从汉语语言事实中归纳出三种空语类：移位类空语类（语迹 t）、隐含类空语类（隐含 p）、省略类空语类（省略 e）。胡建华（1997）通过对英汉两种语言中空语类的比较，认为汉语空语类并非徐烈炯（Xu，1986）所谓的"自由空语类"，认为汉语中的 PRO 和 NP 语迹只在有限的范围内存在，而 pro 的存在仅为边缘现象。李艳惠（2005）指出汉语有谓语省略结构，没有动词省略结构；继而，李艳惠（2007）又指出连空语类都不存在的"真空位"在解释句子意义中扮演着不可缺少的角色。

从上述研究可见，空语类一般被认为是语言结构中占据句法结构中名词性成分位置的空范畴，是根据核心动词的典型分布环境，即动词和名词性成分的支配结合关系而得出的"空位"，是核心动词所支配的名词性成分所留下的空位，也就是根据论旨角色的指派者而确定的、以隐性形式存在的必有论元①。

陆俭明、沈阳（2004）在论及"空语类"和"省略"的区别时，明确指出空语类"一般只指结构中特定位置上没有出现的'名词成分'"，而省略"可以不限于名词性成分"。

2. 动词性空语类及相关概念

空语类理论是基于英语的句法特点提出的，在观察汉语现象时，Tu（2012）、Tu & Zhang（2013）、屠爱萍（2013b）、屠爱萍（2015b）等揭示了汉语中不但存在名词性空语类，还存在非名词性空语类，包括动词性空语类（Verbal Empty Category，简写为"VEC"）和介词性空语类（Prepositional Empty Category，简写为"PEC"）等，与名词有显性名词和名词性空语类两种

---

① 必有论元（Obligatory Argument）或称为"核心论元"，是构成基础命题不可缺少的论元，而可有论元（Optional Argument）或称为"外围论元"，是起到扩充述谓结构、形成复杂命题的论元（袁毓林，2002）。可见空语类一般是指隐性的必有论元，一般不包括可有论元。

存在形式一样，动词和介词也有显性和隐性两种存在形式。在不影响理解的情况下，它们也能够以隐性形式存在[①]。例如：

(2.48) a. 今天 VEC$_{等于}$2022 年 2 月 2 日。→今天 2022 年 2 月 2 日。

　　　 b. 她都 VEC$_{成为}$大姑娘了。→她都大姑娘了。

　　　 c. 张三 VEC$_{有}$两个苹果。→张三两个苹果。

　　　 d. 张三 PEC$_{在}$食堂吃 pro$_{某食物}$。→张三吃食堂。

　　　 e. 张三 PEC$_{用}$爸爸的筷子吃 pro$_{某食物}$。→张三吃爸爸

的筷子。

　　　 f. 张三 PEC$_{靠}$这辆车吃 pro$_{饭}$。→张三吃这辆车。

　　　 g. 张三 PEC$_{图}$稀罕吃 pro$_{某食物}$。→张三吃稀罕。

这些句子中的动词性空语类和介词性空语类，都和空代词一样，以隐性的非语音形式存在，而且随时可以还原。关于动词性空语类的概念，近几年少数文献略有涉及，如黄正德（2008）指出"他的老师当得好"中"他的［e］老师"中包含了一个相当于动词"当"的空语类"［e］"。邓红风（2009）指出汉语中存在一个没有语音形式的空语类——空动词 be，和英语中的显性 be 相对应。冯胜利（2000、2005）在论述轻动词相关问题时，也用过"空动词"的说法，但实际上他等同了"轻动词"和"空动词"的概念。

轻动词（Light Verb，简写为"v"）一般指语音和语义内容较"轻"，但句法功能较强的动词性成分。"轻动词"的概念内涵在历史上经历了一个演变的过程：Jespersen（1954）最早指出了现代英语中存在一种现象：真正重要的词之前使用一个不太重要的"轻动词"，虽然它无法单独表达完整的语义内容，但其句法作用是实在的，如 have a think 和 take a drive 中的 have、take 等。Chao（1968）称之为"代动词"，汉语中也有这类动词，如"弄坏了""整点啥""打喷嚏""搞革命"中的"弄""整""打""搞"等。

当代句法学中的轻动词与 Jespersen（1954）所论的轻动词有所不同。Chomsky（1995）根据 Larson（1988）和 Hale & Keyser（1993）的研究而提出

---

① 这种观点与 Xu（1986）称汉语只有一种空语类，即"自由的空语类"（Free Empty Category），思路是一致的。

的轻动词概念，属于功能语类（Functional Category），它选择一个及物性 VP 作补足语（Complement），投射一个 vP，下层 V 向上移位并嫁接到 v，形成 V-v。Radford（1997）推而广之，将其应用于各类谓语结构中。Huang（1997）指出轻动词语义由"CAUSE（使）""BECOME（成为）""DO（做）""HOLD（保持）"等所谓的纯动词组成。黄正德（2008）进一步指出轻动词在语义的层次上是指内涵单纯并为许多动词所共有的"因子"语义，并依据动词的种类，把轻动词的语义归纳为"CAUSE""BECOME""DO"三类。当代句法学中的轻动词虽然没有语音形式，却具有语素特征（Morpheme Feature）和句法功能，可以吸引其下位的实义动词或形容词等向上移位（温宾利、程杰 2007）。例如：

（2.49）a. 这件事真（CAUSEv）人愁。→这件事真愁人。
　　　　b. 他（DOv）两年读书。→他读两年书。

其中轻动词"CAUSE"和"DO"没有显性的语音形式，其语素特征必须由实义性的"愁"和"读"通过向上移位来支撑。

可以看出，当代句法学中的轻动词和空语类具有某些相似性：二者均没有语音形式，均可用以对句子中所包含的隐性范畴进行分析。然而，二者具有本质差异：句法功能上，轻动词是功能范畴，是纯粹的句法概念，投射 vP，其句法功能主要是吸引下位的 V 向上移位并嫁接到 v，所以其句法功能的实现依赖于句中共现的实义性词汇的支撑。而空语类是词汇范畴，有相应的显性实词形式，投射 NP、VP 和 PP 等，其句法功能与相应的显性名词、动词和介词等相同，不依赖于其他词汇。语义上，轻动词的意义仅限于"CAUSE""DO"[1] 等几种意义；而空语类的语义范围比较广，如动词性空语类就可以是隐性的空系词（Copula）、其他空连系词（Linking Verb），还可以是隐性的空实义动词（Notional verb）。[2]

邓思颖（2002）专文考察了汉语中三类没有动词的句子，并根据例（2.

---

① 关于轻动词的理论及其在汉语研究中的应用，请参见 Larson（1988）、Hale & Keyser（1993）、Chomsky（1995）、冯胜利（2005）、温宾利 & 程杰（2007）、于善志（2008）、宋作艳（2011）等。

② 关于现代汉语动词性空语类的类别，即按其语义贡献分为"空系词""空连系词""空实义动词"，可参见 Tu & Zhang（2012）和屠爱萍（2015）。

50a）不能有数量词、副词和句末助词排除句子深层结构中存在"是"的可能性，认为该类句式是名词谓语句，而例（2.50b）和（2.50c）分别为空系词句和空动词句。

　　（2.50）a. 今天星期日。

　　　　　　b. 她都大姑娘了。

　　　　　　c. 张三两个苹果。

　　继而邓思颖（2004）探讨了空动词从属小句的特点，明确指出例（2.50c）类的空动词属于空语类。与邓思颖（2002）的观点不同，我们认为邓思颖（2002）所论的三种句子中均存在动词性空语类。下面我们将从三个方面证实以上三种句子中动词性空语类的存在。

　　第一，副词性修饰语对动词的依附和屈折语对补足语的选择。邓思颖（2002）认为例（2.50a）类句子为名词谓语句，用不合语法的句子"他也许张三"和"他穷光蛋来着"分别证明句中"不允许副词出现"和"句末时态助词不能出现"，并据此否定了句中系词的存在。此中主要涉及两个问题：副词性修饰语对动词的依附和屈折语"I"（Infection）对补足语的选择。

　　首先看副词修饰语对动词的依附。李宝伦、潘海华（1999）和 Lee&Pan（2001）提出的"修饰预设限制"（Presuppositional Constraint on Modification/ PCM）指出，被修饰成分的指谓不能为空。邓思颖（2002）所举的两个反例"他也许张三"和"他穷光蛋来着"确实不合语法，但如果把其中的副词用在例（2.50a）这样的句子中，情况就不同了，而且还可以将"也许"替换为其他副词。例如：

　　（2.51）a. 今天也许/的确/竟然星期日。

　　　　　　b. 也许/的确/竟然大姑娘了。

　　　　　　c. 张三也许/的确/竟然三个苹果。

　　副词性修饰语（Modifiers）是与动词相联系，依附于动词短语而存在的。据此可见，例（2.50）中副词性修饰语所依附的动词性成分是存在的。

　　其次看屈折语对补足语的选择。动态助词"了"属于屈折语范畴，选择VP作补足语，投射IP。正如邢福义（1984）、刘顺（2004）等指出的，"NP

了"句式表达的是"状况转变"。其中不可或缺的"了"属于屈折语，选择动词性成分做补足语，表示转变的完成①，我们可以在例（2. 50b）中置入表示完成的副词"已经"来证实。同理，也可以把"已经"和"了"置入例（2. 50a）和（2. 50c）：

> （2. 52）a. 今天已经星期日了。
>
> b. 已经大姑娘了。
>
> c. 张三已经三个苹果了。

从例（2. 52a）可以看出，副词（如"已经"）和句末动态助词（如"了"）是可以置入例（2. 50a）类句子的。例（2. 50a）类句中的主项和谓项两个名词性成分，前者指涉人、事、物、时、地等，其语义类型为实体（Entity），后者在有系词的情况下，指涉的是属性（Property），充当谓语（Predicate）（Heim & Kratzer, 1998; Li, 1999; 黄正德 2008），句中存在空系词"是"，为"空系词句"。

邓思颖（2002）同时指出例（2. 50b）"NP 了"句式中包括了 VP、TP 和 CP，并将例（2. 50b）和（2. 50c）分别界定为空系词句和空动词句。我们认为例（2. 50b）中的空动词并非没有语义贡献的系词"be"（"是"），而是具有语义内容的连系动词"become"（"成为"）。② 而对例（2. 50c）类句子属于空动词句与邓思颖（2002）持相同观点，需要指出的是这里的"动词"特指"实义动词"。因而，例（2. 50b）和（2. 50c）类句应分别为"空连系动词句"和"空实义动词句"。例（2. 52）中允许副词和句末时态助词的置入，可以证实例（2. 50）中三类句式均存在动词性空语类。

第二，显性名词性成分的格特征核查。例（2. 50a）中，"今天"和"星

---

① 邓思颖（2002）指出，"NP 了"中的"了"的功能就是表达这种状况转变的时间意义。但因为可以用"NP 了"表示过去、现在和将来任何时间，例如：a. 几年前她就大姑娘了。b. 她现在大姑娘了。c. 再过几年，她就大姑娘了。所以，我们认为这里的"了"不与"时范畴"对应，而是与"体范畴"对应，表示完成体，可参见萧国政（1988）。

② 2011 年香港语言学年会时，笔者就副词和句末时态助词能否置入例（2. 50a）类句子和"NP 了"句式中存在系词"be"还是连系动词"become"咨询过邓思颖先生，邓先生同意本书的解释：副词"已经"和句末动态助词"了"可以置入例（2. 50a）类句子，以及"NP 了"句式中存在连系动词"become"。

期日"这两个显性的名词性成分要接受格特征核查，就要求句中存在格位的指派者。名词是不能指派结构格的①，居于主位的名词性成分必须从动词的依附性成分"INFL"那里得到主格，要求句中存在一个动词性空语类：

(2. 53) 今天 VEC 星期日。

其中的"VEC"可以理解为系词，其否定形式在加上否定词"不"的同时，一定要补出其中隐性的"是"：

(2. 54) 今天不是星期日。②

现在再来看谓项名词性成分的格特征核查情况。当主项和谓项名词性成分具有同一关系时，前后两项的语义所指相同。刘爱英、韩景泉（2004）指出，这类句子应该看成是系词和两个同位关系的 DP 的组合，这两个 DP 无法从系词那里获得论旨角色和格位，其中一个 DP 必须移到 IP 指示语的位置上获得主格，因为两个 DP 是同位关系，可以共享一个格。这种分析将系词句中的述谓句和说明句进行了区分，但没有解决名词性成分的论旨角色指派问题，也没有说明两个同位关系的 DP 共享一个什么格，且同位结构在句中只占一个句法位置，不能成句。

这类句子中的两个名词性成分具有同一关系，所以，不需要语境帮助理解，句中隐性的"是"，相当于"等于"，可以给宾位名词性成分指派宾格。例如：

(2. 55) a. 今天 VEC等于2021 年 2 月 14 日。
→今天＝2021 年 2 月 14 日。
b. 北京，VEC等于伟大祖国的首都。
→北京＝伟大祖国的首都。

---

① 这里需要区分"结构格"和"内在格"，名词不能指派"结构格"，只能指派"内在格"（inherent Case），即"所有格"（genitive Case）。参见 Chomsky（1986）、温宾利（2002）等。
② "是"的隐现情况是句子的句法语义特征及其信息传递的规律所决定的。例（2. 53）中的句子的信息焦点（Focus，记作"F"）是位于宾位的"星期日"，"是"之所以能用无语音的形式，在句子中留下空位"VEC"，是因为它不是句子的信息焦点。而例（2. 54）中的"不"对整个命题进行否定，否定的不是主语"今天"也不是谓语"星期日"，而是主谓之间的联系，所以"是"作为句中被"不"否定的信息焦点不能省，可以表示为：
(2. 53)'今天 VEC［星期日］F。
(2. 54)'今天不［是］F 星期日。

例（2.50a）类句中的谓项名词性成分在系词的作用下，指涉一种属性，充当谓语，自然也就不存在要求指派格位的问题了。又如：

（2.56）a. 张三黄头发。

b. 鲁迅，浙江绍兴人。

从上面的比较可以看出，例（2.50a）和例（2.56）中的谓项名词性成分"星期日""黄头发"和"浙江绍兴人"均与主项不具有同一关系，属于指涉属性的名词性成分做谓语的情况。可见，承认名词谓语句和承认空系词的存在并不矛盾，但只有承认句中空系词的存在，句中居于谓项的名词性成分才能指涉属性，居于主位的名词性成分才获得格位，接受格特征核查。同理，例（2.50b）和（2.50c）中的名词性成分要接受格特征核查，也必须承认句中存在动词性空语类。

第三，论元的论旨角色指派。论旨准则（Theta-criterion）要求代表论元的名词性词语和论旨角色一一对应。我们可以逆向推断，带有论旨角色的名词性成分同样要求句中存在与之对应的论旨角色的指派者。

例（2.50c）类句中的名词性成分均为带有论旨角色的论元，否则在逻辑式（Logical Form）就得不到语义解释。虽然句中指派论旨角色的动词性空语类没有显性的语音形式，但可以根据名词所带的论旨角色而推知，补出如下：

（2.57）张三 VEC_有[1]三个苹果。

汉语中的空动词和英语中的动词空缺（Verb-gapping）等均属于动词性空语类。"动词空缺"是指两并列分句中，如果动词相同，第二并列分句中重复的动词就可以不出现，例如：

（2.58）He likes apples, and she oranges.

Johnson（1994）认为动词空缺是通过跨界移位得到的，两个并列 VP 共享某些句法成分，如时态、否定和修饰语等，动词跨界移位到 I 位置上，第一分句的主语独立提升至 IP 标示语位置，标示为：

---

[1] 这里的动词性空语类也可以为其他动词，如"吃""买"等，和空代词"pro"一样，具体所指往往需要语境帮助确定。

(2.59)[IP subji[r[I-V$_j$[VP[VP t$_i$ t$_j$ ob$_j$]and[VP sub$_j$ t$_j$ ob$_j$]]]]]

但英语并不像法语等语言那样存在显性的"V—I 移位",且"A—移位"没有遵守并列结构制约条件:并列分句或其中任一成分不能从该分句中移位至并列结构之外。因而,动词的提升移位应在轻动词结构之内的轻动词位置上[①],可标示为:

(2.60)[IP subji[……vP t$_i$[v-V$_j$[VP[[VP ob$_j$ t$_j$]and[vP sub$_j$[VP ob$_j$ t$_j$]]]]]]]

可见,动词空缺源于动词的提升移位,而不是深层结构中基础生成的动词性空语类。一般认为,汉语中不存在动词空缺,主要是因为汉语的主语不像英语那样在 vP 的指示语位置基础生成后提升移位到 IP 的指示语位置,而是在 IP 的指示语位置基础生成的。所以,第二分句没有容纳主语的位置,第二分句的主语不能通过格特征核查。[②] 例如:

(2. 61)　*他喜欢苹果,她橘子。

Li（1985）、Paul（1999）等学者指出,汉语中存在某种意义上的动词空缺。例如:

(2. 62) a. 张三有三个苹果,李四 Ø 四个橘子。
　　　　 b. 大学生一年花一万以上,高中生一年（才）Ø 六千。

上例中的第二分句中,缺省动词后的成分一般是数量（名）词组,正如 Xu（2003）所指出的,汉语数量（名）词组常常表现出谓词的特点,可以被"已经""才"等修饰。而且,我们可以将前一分句中的动词删除,或者将后一分句从并列分句中独立出来。也就是说,例（2. 62）中后分句中没有动词的句子,虽然和前一分句中的动词可以做统一理解,但并不依赖其而成立。例如:

(2. 63) a. 李四 Ø 四个橘子。

----

① 关于动词跨界移位,请参见 Ross（1967）、Larson（1988）、Koizumi（1995）、Zoerner（1995）、贺川生（2007）等。

② 关于汉语是否存在动词空缺的研究,请参见 Sjoblom（1980）、Aoun & Li（1989）、Tsai（1994）、Hornstein（1995）、Tang（2001）和 Xu（2003）等。

b. 高中生一年 Ø 六千。

与名词有显性名词和名词性空语类两种存在形式一样，动词也有显性和隐性两种存在形式，例（2.63）中的隐性范畴是在句子深层结构中基础生成的，但在其表层结构中却没有以显性的语音形式呈现，属于空动词。与空代词的特点一样，我们可以不知道动词性空位上具体是哪个词语，但是我们可以清楚地推断它是确实存在的，其句法功能和显性动词相同，是深层结构中一类具有相同特征的范畴，在含有隐性范畴的表层结构上的投射。

3. 介词性空语类及相关概念

能指派宾格的除了动词，还有介词。有些宾位名词性成分的格位是动词指派的，如施事、经历者、受益者、受事、客体等，而表示处所、工具、方式、原因等名词性成分的格位则一般靠介词指派。英语中的指派格位的介词一般是不能以隐性形式存在的。例如：

(2.64) a. John dined in hall.

→ * John dined PEC_{in} hall.

b. John lives on the car.

→ * John lives PEC_{on} the car.

c. John dined with his father's chopsticks.

→ * John dined PEC_{with} his father's chopsticks.

d. John ate it for rarity.

→ * John ate it PEC_{for} rarity.

但汉语中的介词与动词一样，作为深层结构中的指派宾格的成分，也常常以隐性形式存在，最典型的是"非常规宾语"（或称为"代体宾语"）中的介词性空语类。冯胜利（2005）指出非常规宾语都具有"可溯性"，即可以在其前面加上一个介词，组成介宾结构充当动词"吃"的状语，形成与之相应的常规说法。例如：

(2.65) a. 张三吃食堂。

→张三在食堂吃。

　　b. 张三吃这辆车。

　　→张三凭/靠这辆车吃。

　　c. 张三吃爸爸的筷子。

　　→张三用爸爸的筷子吃。

　　d. 张三吃稀罕。

　　→张三图稀罕吃。

　　对于这类现象，Lin（2001）、冯胜利（2000、2005）和蔡维天（2007）等曾用轻动词加以解释，认为这些非常规宾语不是由动词选择的，而是由轻动词选择的，主要动词向上与轻动词合并（incorporate），最终形成非常规宾语的表层结构。

　　汉语的介词比较特殊，不但均由动词演变而来[①]，而且均具有与同形动词相同的词汇意义和独立的句法作用。当句中没有更重要的动词出现时，它便在基本语义不变的情况下，充当句子的核心动词。例如：

（2.66）a. 张三在食堂吃。　　　　　　　（"在"为介词）

　　　　→张三在食堂。　　　　　　　　（"在"为动词）

　　　　b. 张三靠这辆车吃。　　　　　　（"靠"为介词）

　　　　→张三靠这辆车。　　　　　　　（"靠"为动词）

　　　　c. 张三用爸爸的筷子吃。　　　　（"用"为介词）

　　　　→张三用爸爸的筷子。　　　　　（"用"为动词）

　　　　d. 张三图稀罕吃。　　　　　　　（"图"为介词）

　　　　→张三图稀罕。　　　　　　　　（"图"为动词）

　　其中，属于功能范畴"轻动词"的依附性与词汇范畴"在""靠""用""图"等使用的独立性产生矛盾。孙天琦、李亚非（2010）也对设立这种类型的轻动词提出了质疑：若设立 USE、AT 和 FOR 三个负责旁格宾语的轻动词，"吃文化"等结构怎么办，到底要设立多少轻动词，为什么这些轻动词不能在外语中存在，等等。同时，孙、李二位援用了"施用"的概念，认为是抽象的

---

　　① 介词均由动词演变而来是得到普遍认可的，可参见吕叔湘（1979）、朱德熙（1982）和邢福义（1996）等。

范畴"施用核心"吸引下层的实义动词移位，属于动词的合并（Verb Incorporation）。①

可以看出，运用"轻动词"和"施用"理论对非常规宾语现象进行解释，都同样承认非常规宾语前面的成分能吸引下位的动词移位。但是，"轻动词"是纯粹的句法概念，是功能范畴，"施用核心"也是抽象的范畴。我们认为，"非常规宾语句"中能吸引下动词移位的并非"轻动词"这样的功能范畴，也非"施用核心"这样抽象的范畴，而是如（2.66）所示，是有对应实词形式的词汇范畴"介词性空语类"。语言具有系统性，作为能够指派宾格的句法成分，汉语中的介词和动词一样，也可以采用隐性的空语类形式。

运用"介词性空语类"的概念可以帮助非常规宾语在逻辑式里得到语义解释，这一点也是运用"轻动词"和"施用"进行解释不能达到的。根据"论旨指派一致性假说"（Baker 1988），动词将"受事/客体"的论旨角色指派给动词之后的宾语。例如，例（2.65）中的"吃"只能给句中常规宾语，也就是论旨角色为"受事/客体"的空代词 pro 指派格位；而非常规宾语不是动词"吃"的"必有论元"，必须从相应的介词那里获得宾格。因而，可以合理地推断出，这里本来应该给非常规宾语指派格位的介词采用了隐性的空语类形式。

与动词性空语类相比，介词性空语类取值范围较窄，例如，处所格的指派者一般是"在""于"，工具格的指派者一般是"用""以"等。补出非常规宾语句中的空语类，包括以"pro"形式存在的"吃"的常规宾语，和以"PEC"形式存在的非常规宾语的格位指派者，会出现下面形式：

(2.67)　a. 张三 PEC$_{在}$食堂吃 pro$_{某食物}$。
　　　　b. 张三 PEC$_{用}$爸爸的筷子吃 pro$_{某食物}$。
　　　　c. 张三 PEC$_{靠}$这辆车吃 pro$_{饭}$。
　　　　d. 张三 PEC$_{因}$稀罕吃 pro$_{某食物}$。

介词为隐性的空语类形式时可以吸引下位核心动词移位，形成了非常规宾语。而古汉语中介宾短语嫁接在动词的后面，位于核心动词之后。形式句法中

---

①　可参见 Baker（1988）、McGinnis（2001）、Pylkkänen（2002）、Cuervo（2003）、张庆文和邓思颖（2011）等。

不允许向下的移位，所以，不存在空介词能吸引动词向下移位的现象，例如：

(2. 68) a. 子击磬于卫。　　　　　　　　（《论语. 宪问》）

　　　　→*子击 pro$_磬$ PEC$_于$卫。①

　　　b. 浴于沂，风乎舞雩　　　　　　（《论语. 先进》）

　　　　→*浴 PEC$_于$沂，风 PEC$_乎$舞雩

　　　c. 我非爱其财而易之以羊也。　（《孟子. 梁惠王上》）

　　　　→*我非爱其财而易 pro$_之$ PEC$_以$羊也。

　　　d. 其于人必验之以礼。　　　　（《吕氏春秋. 察传》）

　　　　→*其于人必验 pro$_之$ PEC$_以$礼。

　　由于格位指派的"邻接条件"（Adjacency Condition），即授格成分与接受格的名词性成分必须有直接居前关系，相互邻接，中间不允许其他成分介入，不能存在阻隔成分（Stowell, 1981）。因而，移位后的动词无法再给它的必有论元指派宾格。这也为常规宾语和非常规宾语不能同现提供了解释。例如：

(2. 69) a. *张三吃饭食堂。/吃食堂饭②。

　　　b. *张三吃饭这辆车。/张三吃这辆车饭。

　　　c. *张三吃饭爸爸的筷子。/张三吃爸爸的筷子饭。

　　　d. *张三吃饭稀罕。/张三吃稀罕饭。

　　在非常规宾语句中，非常规宾语总是句子的信息焦点，常规宾语反而总是作为旧信息，为焦点提供理解的背景信息。③ 比如，"吃"在与非常规宾语组合的时候，常规宾语"吃饭"或"吃某种东西"总是作为背景信息，帮助对非常规宾语句的理解。

　　此外，介词性空语类并不只存在于非常规宾语句中。例如：

---

　　① 这里的"击卫"成立，但等于把"卫"作为动词"击"的受事，和前面的"击磬于卫"语义发生了变化，以及下面的"易羊"和"验礼"均与原句意义发生了改变。

　　② 这里的"吃食堂饭"和"吃稀罕饭"成立，但等于把"食堂饭"和"稀罕饭"整体作为动词"吃"的受事，和前面的"吃食堂""吃稀罕"语义发生了变化。

　　③ Baker（1988）指出虽然表层结构中见不到常规宾语，但其实它们与动词发生了"重新分析"（Reanalysis），在隐性名词组合并（Covert Noun Incorporation）的过程中并入了动词。

(2. 70) a. 他用左手写字。

→他 Ø 左手写字。

b. 我们在北京见！

→我们 Ø 北京见！

至于这里为什么没有形成非常规宾语，介词性空语类为什么没有吸引下层的动词移位，哪些词可以符合这种移位要求等，邢福义（1991）、谢晓明（2004、2008）、杨永忠（2007）、孙天琦和李亚非（2010）、任鹰（2016）、周彦每（2018）等提供了一些比较合理的解释。汉语中非常规宾语的成立的条件，也是介词能采用隐性形式并吸引下位动词移位的条件，此处不赘。

4. 判断性事件中的空语类

从提升动词和动词性空语类的角度来观察 "NP$_1$ 是 NP$_2$" 结构，我们发现很多判断性事件表层结构中提升动词 "是" 所在位置上的动词均选择了隐性的空动词形式，可以用显性形式替换，这样可以对符合逻辑和不符合逻辑的表述做出比较统一的解释：

(2. 71) a.《红楼梦》的作者等于曹雪芹。

b. 我吃炸酱面。

当然其中的动词，可以是深层结构中一类具有相同特征的范畴，在含有隐性范畴的表层结构上的投射。例（2. 71b）中的 "吃" 还可以替换成 "要""点""做" 等其他动词，与空代词 "pro" 的特点一样，我们可以不知道动词性空位上是具体的哪个词，但是其句法功能和显性动词相同。

张和友、邓思颖（2011）考察了一些 "是" 字前后成分的关系不符合逻辑的 "是字句"，称之为 "特异型'是'字句"。例如：

(2. 72) a. 儿童是祖国的花朵。

b. 他是日本女人。

c. 那场火是电线跑了电。

d. 我喝酒是自己的钱。

（张、邓，2011）

二位先生从空语类主语的角度对其进行了解释，认为这种句子包含了一个与方式、原因、结果等意义相关的空语类主语。其中所"省略"的对象皆为隐性形式，汉语之所以能采用这样的形式，是因为在不影响理解的情况下，位于主位和宾位的名词性成分能够以隐性的名词性空语类的形式呈现①。

但是，将所有的关系都解释为类属和等同，无法解释一些常见的"S 是 X"。比如，该文认为例（2.72a）是一般所谓的隐喻，是一种通过内涵相似而在两个事物之间建立等同关系，具体而言就是前后项虽然形式上是名词，范畴上是事物，但是两者间不是外延上等同，而是性质上等同，也就是名词概念某些内涵义的等同，如"儿童"和"花朵"都有"娇嫩""可爱"的性质。我们同意很多"S 是 X"中存在空语类，但是我们认为其中的空语类并非只有空主语一种情况，还包括隐性的空动词和空介词等情况。

可见，对张和友、邓思颖（2011）所谓"特异型'是'字句"而言，"是"的补足语中采用隐性形式的不是主语，而是其中授格给信息焦点的核心动词或介词，其中"是"字的补足语也可以改写为：

(2.73)　a. 儿童 VEC$_{像}$祖国的花朵。

　　　　b. 他 VEC$_{娶}$了日本女人。

　　　　c. 电线跑了电 VEC$_{引起了}$那场火。

　　　　d. 我 PEC$_{用}$自己的钱喝酒。

第三节　本章小结

从不同的研究角度出发，我们将非重读的"是"界定为能够标记焦点、表示判断的提升动词：从组形上说，它是一个提升动词，选择一个子句作为其补足语；从释义上说，它是一个判断动词，在不同的判断性事件中，均表示判断；从信息传递上来说，它是一个信息标志，标记居于其后的成分为信息的焦点，

---

① 可参见 Chomsky（1981）、Huang（1982、1984、1987、1998）、Xu（2006）、Shukhan Ng（2009）、Barbosa（2011）和 Camacho（2011）等，沈阳（1994）称之为"省略 e"。

一般为紧邻其后的成分。

　　"S是X"是一个提升结构，由表示判断的系词"是"及其补足语"SX"构成。汉语中不但存在名词性空语类，也存在动词性和介词性的空语类。当"S"和"X"均为名词性成分的时候，二者之间的动词性成分、介词性成分等常常以隐性的空语类形式出现。

第三章 "S是X"的句法语义分析

现代汉语语法研究中，学者们常常借事件结构来分析含有"致使义"事件链的语法结构。判断性事件中也有含"致使义"事件链的情况，这种"是"的前后项均为一个"子事件"，两个子事件之间存在致使关系。例如：

(3. 1) a. 第一次世界大战是欧洲的大萧条。

(事件一"第一次世界大战"导致了事件二"欧洲的大萧条")

b. 他昨天迟到是堵车了。

(事件二"堵车"导致了事件一"他昨天迟到")

事件结构包括事件内部子事件之间的结构，也包括谓词和论元的结构等（Pusteiovsky，1991）。从事件结构出发，不但可以考察两个或两个以上（子）事件之间的事件链关系，也可以考察事件内部角色之间的组合关系，即两个或两个以上普通论元（相对于"事件元"而言的）之间的实体关系，以及普通论元和事件元之间的事件关系。汉语中这种含有上述"致使义"事件链的判断性事件毕竟少数，大多数判断性事件中并不包含事件链。例如：

(3. 2) a. 我是张三。 （"我"和"张三"是实体关系）

b. 你是一清二楚。 （"你"和"一清二楚"是事件关系）

c. 他是在建房子。 （"他"和"建房子"是事件关系）

从语表的组合形式上看，"是"的前成分和后成分在形式类别上可以是名词、形容词、动词，也可以是子句；从事件构件的性质上说，可以是普通论元，也可以是事件元。下面我们根据构件的性质及其组成成分的形式类别将判断性事件"S是X"分为四类，主要包括如下情况：

第一类判断前后项均为名词性成分：NP_1 是 NP_2。

第二类判断前后项为名词性成分和非名词性成分组合，包括以下几种情况：

一是"名词性成分+非名词性成分"：Ⅰ型→NP是AP；Ⅱ型→NP是VP；Ⅲ型→NP是CP。

二是"非名词性成分+名词性成分"：Ⅰ型→AP是NP；Ⅱ型→VP是NP；Ⅲ型→CP是NP。

第三类判断前后项均为非名词性成分：

Ⅰ型→AP是AP；Ⅱ型→AP是VP；Ⅲ型→AP是CP；Ⅳ型→VP是AP；Ⅴ型→VP是VP；Ⅵ型→VP是CP；Ⅶ型→CP是CP。

第四类为表层结构无主语的"是"字句：是CP。

第一节 判断前后项均为名词性成分

判断性事件中，前后项均为名词性成分（NP₁+是+NP₂）的结构最简单，也最典型、最常见。在该类事件中，与"是"的前成分NP₁和后成分NP₂都是体词性成分充当的普通论元，包括名词（短语）、代词、数量词等①。该事件是由提升动词"是"与其补足语子事件组成的判断性事件，表示对普通论元NP₁和NP₂之间所存在的某种关系的断定，说明两者之间存在等同、种属、说明或被说明等各种关系。

黎锦熙（1924）认为"是"的职务就是结合补足语，其前成分和后成分必是"同物"，但有的同部分，有的同全体，朱德熙（1978）分别称之为"特称判断"和"全称判断"，并用数理逻辑表示出特称判断和全称判断的区别。举例如下：

（3.3）a. 小王是第一个跳下水去的。→xF（x）

b. 第一个跳下水去的是小王。→xF（x）

---

① "的"字结构充当NP₂的情况比较常见，形式为"（S）是X的"，情况比较特殊，我们在第五章、第六章和第七章中详述。

朱德熙指出例（3.3a）为特称判断，可以解读为：至少存在一个 X，X 有 F 的属性；例（3.3b）为全称判断，可以解读为：所有的 X 都具有 F 的属性。

所谓"同部分"或"特称判断"中，后成分表示前成分的种属、说明或被说明关系等。例如：

（3.4）　a. 这小孩是黄头发。　　　　　　　　　　（吕叔湘，1980）

　　　　　b. 语言是工具。　　　　　　　　　　　（朱德熙，1982）

　　　　　c. 母亲是一个"平凡"的人。　　　　　　（洪心衡，1987）

　　　　　d. 小陈是上海人。　　　　　　　　　　（范　晓，1998）

　　　　　e. 他是北京大学的学生。　　　　　　　（张　军，2005）

　　　　　f. 虎是猫科动物。　　　　　　　　　　（张　军，2005）

　　　　　g. 保卫祖国是我们的神圣职责。　　　　（张　军，2005）

例（3.4a）中"黄头发"作为类名词，直接赋予"这小孩"论旨角色，该句所传递的信息是这小孩具有"黄头发的特征"[①]，相当于形容词谓语句。

这里的 NP$_2$ 首先需要区分为个体名词和类名词，也就是蒋严、潘海华（1998）指出的 N 和 ØN 之间的差别。类名词不指谓某个特定的个体，而是指某一类事物，即具有相同属性的个体的集合（Li，1999；黄正德，2008）。也就是说，以类名词充当谓语的名词谓语句与形容词谓语句的功能相当。如图 3-1 所示：

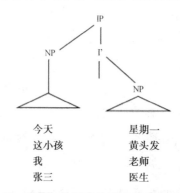

图 3-1　"是"的后成分 NP$_2$ 为类名词性成分

---

　　① 也有人将该事件理解为"这小孩长 Ø 黄头发"，但句子突显了小孩具有"黄头发"的特征，故此处将"黄头发"理解为类名词性成分。

其中，NP_2"星期一""黄头发""老师""医生"等均具有类名词特征，在系词的作用下，能够像形容词一样充当谓语，并赋予"是"的前成分 NP_1 以论旨角色①。因而，这里的 NP_1 相当于类名词 NP_2（N）的论元，它们虽不是传统的施事、客体、受事等必有论元，也不是时间、地点、方式等可有论元，却像必有论元那样，是谓词深层结构中必须存在的名词性成分。如动词"等于""像"等连接的两个名词性成分、形容词谓语句的主体等，下文我们也直接称之为"论元"。

蒋严、潘海华（1998）指出："有时 NP 值扩展成光杆的 N 但我们不会把它简单当成一个普通名词，而应该看成前面带有零形位的名词，即 NP→ØN。Ø 也是一个常项词，只是没有显性的语音形式。"在这种情况下，"是"的前成分和后成分都指谓个体，两者之间是等同关系，也就是说，两个名词组的指称相同。

当"是"的后成分为个体名词时，"是"的前成分和后成分同为某一谓词的论元。例如：

(3.5) a. 《红楼梦》的作者是曹雪芹。　　　　　（朱德熙，1982）

　　　 b. 他最佩服的是你。　　　　　　　　　（吕叔湘，1980）

　　　 c. 现在半斤不是八两了。　　　　　　　（吕叔湘，1980）

　　　 d. 昨天找你的人就是我。　　　　　　　（李临定，2011）

　　　 e. 墙报主编是杨行敏。　　　　　　　　（洪心衡，1987）

例（3.5）前成分和后成分之间的关系不是元素与集合的关系，而是个体指称间的等同关系，也就是黎锦熙（1924）所谓的"同全体"，朱德熙（1978）所谓的"特称判断"，表示的是"NP_1 等于 NP_2"（或记作"$NP_1 = NP_2$"），因而其中的空动词为"等于"。如图 3-2 所示：

---

① Li（1999），黄正德（2008）等指出个体名词可以指涉人、事、物、时、地等，其语义类型是实体（Entity），相当于 DP（Determiner Phrase）；而类名词指涉的是一种属性，相当于形容词性成分，可以充当谓语（Predicate）。关于两者区别，Li（1999），黄正德（2008）的解释为：如果对做谓语的 NP 进行限定，使其转化为一个 DP，它就失去了做谓语的能力。例如：*今天一个星期日（NP）。*他很这男人。

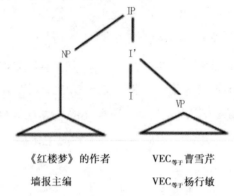

图 3-2 "是"的后成分 NP2 为普通名词性成分

以上分析的"是"字句均符合逻辑，除此之外还有其他情况，也就是所谓不符合逻辑的"非逻辑句"，只是把其中的"等于"换成其他动词。例如：

(3.6) a. 狐狸是一个洞，野兔是三个洞。　　（张、邓，2010）

　　　 b. 儿童是祖国的花朵。　　　　　　　（张、邓，2010）

　　　 c. 他是日本女人。　　　　　　　　　（张、邓，2010）

　　　 d. 欧洲战火是希特勒，亚洲战火是裕仁天皇。

　　　　　　　　　　　　　　　　　　　　　　（张、邓，2010）

　　　 e. 那时候国民党是飞机加大炮，我们是小米加步枪。

　　　　　　　　　　　　　　　　　　　　　　（李　健，1987）

　　　 f. 人家是丰年，我们是歉年。　　　（汤廷池，1979）

　　　 g. 我是排骨面，我太太是肉丝面。　（汤廷池，1979）

　　　 h. 我们是两个男孩儿，一个女孩儿。（汤廷池，1979）

例（3.6）也均由"是"选择一个含有空动词的子事件构成，与表示等同的"逻辑句"相比，只是其中的"等于"换成了其他动词。"是"的补足语中的空动词可补出如下：

(3.7) a. 狐狸 VEC住 一个洞，野兔 VEC住 三个洞。

　　　 b. 儿童 VEC像 祖国的花朵。

　　　 c. 他 VEC娶 日本女人。

d. 希特勒 VEC_{挑起}欧洲战火，裕仁天皇 VEC_{挑起}亚洲战火。

e. 那时候国民党 VEC_{依靠}飞机加大炮，我们 VEC_{依靠}小米加步枪。

f. 人家 VEC_逢丰年，我们 VEC_逢歉年。

g. 我 VEC_点排骨面，我太太 VEC_点肉丝面。

h. 我们 VEC_有两个男孩儿，VEC_有一个女孩儿。

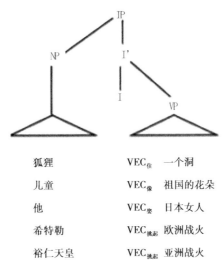

图 3-3　"是"的补足语含其他空动词

"是"字前后的名词性成分并非均为必有论元，也允许存在可有论元。例如：

(3.8) a. 这裤子是晴雯的针线。
　　　b. 那篇杂文是鲁迅的风格。

（张、邓，2010）

其中"晴雯的针线"是缝制"这裤子"的方式，"鲁迅的风格"是写作"那篇杂文"的风格，因而，其中的空动词应该为"缝"和"写"，这两个动词所表达的事件可以将前后成分结合起来。张和友、邓思颖（2010）用名词性空语类来解释特异性是字句，认为例（3.8）可以解释为：

(3. 9) a.?? 这裤子，方式是晴雯的针线。

b.?? 那篇杂文，(写作) 风格是鲁迅的风格。

（张、邓，2010）

但是，这有些句子的可接受性是令人质疑的，张和友、邓思颖（2010）也在句子前面用"??"表示了其存在可接受度的问题。从格核查的角度来看，空动词"缝"和"写"只能够给"是"的前成分"这裤子"和"那篇杂文"赋格，而其后成分"晴雯的针线"和"鲁迅的风格"只能依靠空介词"用"来赋格。因而，例（3.9）中"是"的补足语的句法结构可以表示为图3-4：

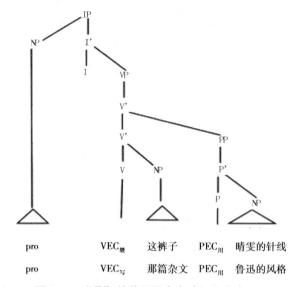

图3-4　"是"的补足语含空动词和空介词

因而，该类事件由一个判断事件及其一个子事件构成，该子事件均含有嫁接在 VP 上的修饰性成分——含有介词性空语类的介词短语。当其中的动词性空语类和介词性空语类以显性形式存在时，其句法深层结构与上述特异性"是"字句是一致的。例如：

(3. 10) a. 你这样做是按照谁的意图？　　　（李　健，1987）

b. 这些人活着是为了关心别人。　　（李　健，1987）

c. 我第一次认识他是在北京。　　　（李　健，1987）

e. 我们到这里来就是为了看日出。 （袁淑琴，1995）

f. 他这样穷是因为懒。 （袁淑琴，1995）

g. 我见到这个女孩是在房东家里。 （袁淑琴，1995）

h. 鲁迅逝世是在 1936 年。 （袁淑琴，1995）

其中介宾短语均为修饰性成分，是嫁接在 VP 上的。如图 3-5 所示：

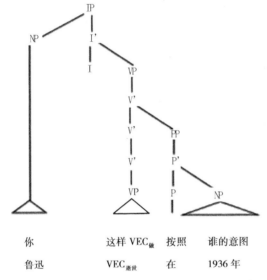

图 3-5 逻辑句中"是"的补足语含空动词和显性介词

此外，我们还应区分事件性（Eventive）名词和非事件性（Non-eventive）名词①。事件名词是名词中语义比较特殊的类，是指表示事件或指示事件的名词，如"地震""车祸""失事"等。当"是"的前成分和后成分的名词性词语中有一个为事件性名词的时候，该"是"字句判断的是事件性名词充当的事件元及与之相关的普通论元之间的关系。例如：

（3.11）中国最近的水灾是 1998 年，最近的雪灾是 2008 年。

（张、邓，2010）

"中国最近的水灾"和"（中国）最近的雪灾"是表示事件的，而"1998

---

① 可参见 Parsons（1990）第 7 章。

年"和"2008 年"则是"水灾"和"雪灾"的论元，这种判断性事件表示的是对事件性名词充当的事件元及与之相关的普通论元之间关系的判断，例（3.11）表示的是事件元及其时间论元之间的关系。

汤廷池（1979）指出了"处所词或时间词+是+名词"断定那个处所存在的是什么事物，或在那个时间所发生的是什么事件。举例如下：

（3.12）a. 屋外是一片青翠的树林。
　　　　b. 四周是呻吟哭号的伤患。
　　　　c. 满天都是星光。
　　　　d. 今年又是大选。

（汤廷池，1979）

在我们看来，例（3.12）中判断的关系是不同类的：例（3.12a-c）表示客体的论元"树林""伤患""星光"和表示处所的论元"屋外""四周""满天"之间的关系，而例（3.12d）表示的是事件名词"大选"充当的事件元及其可有论元"今年"之间的关系。

如果"是"的前成分和后成分均表示事件或者指示事件，则该句表示两个事件之间的类似复句之间关系的"事件链关系"。例如：

（3.13）第一次世界大战是欧洲的大萧条。　　（张、邓，2010）

其中"第一次世界大战"和"欧洲大萧条"两个名词性成分都可以表示事件，则该判断性事件是对两个子事件之间事件链关系的判断，例（3.13）表示的就是前事件和后事件之间表致使的事件链关系，如（3.14a）。也可以理解为"是"的补足语为含动词性空语类的子句，如（3.14b）。

（3.14）a. 因为第一次世界大战，所以欧洲大萧条了。
　　　　b. 第一次世界大战导致了欧洲的大萧条。

正如吴平（2009）所列举的英语中可以出现既能做描述性事件解读又能做结果事件解读的情况，如（3.15a）和（3.15b）。

（3.15）a. I cooked the carrot$_i$ dry$_i$.
　　　　b. I rode the horse$_i$ exhausted$_i$.

当例（3.15a）理解作描写事件时，意思是"我煮干的胡萝卜"，即我煮胡萝卜的过程中胡萝卜始终是干的，理解作结果事件时意思是"我把胡萝卜煮干了"，即我煮胡萝卜的结果是胡萝卜变干了。（3.15b）理解作描述事件时意思是"我骑疲惫不堪的马"，即我骑马的过程中马一直是疲惫不堪的样子，理解作结果事件时意思是"我把马骑得疲惫不堪"，即我骑马的结果是马被骑得疲惫不堪。

此外，还应该注重事件的层级性，名词性成分的修饰语也能够充当事件元，充当更下位的事件。例如：

（3.16）a. 跟他一起来的，不是盛气凌人的王司令，倒是一位身穿黑绸衫的老太太。

b. 决定优劣的是个人拥有的社会能量。

（朱　斌，2002）

例（3.16a）中，用以修饰"的"字短语中心语的"跟他一起来"是一个事件，"是"的后成分的中心语及其修饰语之间也表示事件，这便是更下位的事件了，可重写如下：

（3.17）a. 某人跟他一起来。

b. 王司令盛气凌人。

c. 老太太身穿黑绸衫。

综上所述，我们可以把"NP$_1$+是+NP$_2$"中"是"所判断关系归纳为三种：第一种为普通论元与普通论元之间的实体关系，"是"的子事件的事件元常常为隐性的空动词；第二种为事件元及与之相关的论元之间的事件关系，既包括谓词充当的事件，也包括事件性名词或类名词充当的事件；第三种为事件元与事件元之间的事件链关系，其中 NP$_1$ 和 NP$_2$ 均为能够表示事件的名词性成分。见表 3-1：

表 3-1　前后项均为 NP 时的关系类别

关系类别		NP$_1$/NP$_2$ 的取值	符合逻辑	示例
实体关系（普通论元和普通论元之间）	必有论元和必有论元之间	NP$_1$ 和 NP$_2$ 均为普通名词性成分	+	曹雪芹是《红楼梦》的作者。
	必有论元和可有论元之间		−	狐狸是一个洞。
				这裤子是晴雯的针线。
事件关系（事件元和普通论元之间）	类名词充当的事件元及其论元之间	NP$_2$ 为类名词性成分	+	这小孩是黄头发。
	事件名词充当的事件元及其论元之间	NP$_1$ 或 NP$_2$ 为能够表示事件的名词性成分	−	中国最近的水灾是 1998 年。
事件链关系（事件元和事件元之间）	两个（以上）名词性成分表示的事件之间	NP$_1$ 和 NP$_2$ 均为能够表示事件的名词性成分	−	第一次世界大战是欧洲的大萧条。

第二节　判断前后项为名词性成分和非名词性成分的组合

　　判断性事件的判断前后项为名词性成分和非名词性成分的组合时，也由表示判断的提升动词"是"选择一个子事件做补足语。在该事件结构中，"是"连接的不全是体词性成分，还包括动词性成分、形容词性成分或者小句等。

　　张军（2005）认为判断性事件前后项语法特征上具有体词性，最基本的语义关联均具有指称性。当没有指称功能的动词性、形容词性成分等要充当判断性事件的前后项时，一般要经过表述功能"自指"或"转指"的指称化转变，也就是体词化。这种情况确实存在，如（3.18a-b）；但语料中同时存在不少反例，如（3.18c-d）。

　　（3.18）a. 质量好是这种产品的突出特点。　　（范　晓，1998）

　　　　　b. 卖地不是（好）办法。　　　　　　（洪心衡，1987）

　　　　　c. 他是说你呢。　　　　　　　　　　（范　晓，1998）

　　　　　d. 饭不是软，是硬。　　　　　　　　（李临定，2011）

　　（3.18a-b）和（3.18c-d）的"是"字句中同样含有谓词性成分，但是否经过表述功能指称化转变的情况却完全不同。可见，该类事件中名词性成分和非名词性成分的组合情况也比较复杂，具体分析如下。

（一）判断前后项为名词性成分和形容词性成分的组合

正如张军（2005）所述，"NP 是 AP"中的形容词性成分能够经过表述功能"自指"或"转指"的指称化转变，具有指称性，整个判断性事件表示的是对"是"的前后成分之间存在等同关系。其中的形容词性成分均可以加上"这个性状/这种性状"等同位语，或以"这个性状/这种性状"等替代。例如：

（3.19）a. 我们的传家宝是勤俭（这种性状）。

b. 好的学风是严肃认真谦虚（这种性状）。

c. 这种美德是诚实（这种性状）。

（范　晓，1998）

在该类事件中，名词性成分和经过指称性转变的形容词性成分可以互换位置，当名词性成分为信息焦点的时候，均被置于"是"之后的焦点位置。例如：

（3.20）a. 勤俭（这种性状）是我们的传家宝。

b. 严肃认真谦虚（这种性状）是一种好的学风。

c. 诚实（这种性状）是一种美德。

d. 祖国强盛（这种性状）是人民的幸福。

（范　晓，1998）

该类事件判断的是名词性成分和带有指称性的形容词性成分之间的等同关系。"是"的补足语中包含了空动词"VEC$_{等于}$"。如图3-6所示：

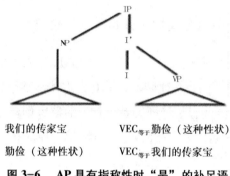

我们的传家宝　　　　VEC等于勤俭（这种性状）

勤俭（这种性状）　　VEC等于我们的传家宝

图3-6　AP具有指称性时"是"的补足语

　　形容词性成分除了经过指称性转变的情况，也存在不转指的情况，这时形容词性成分保持它的谓词性，充当事件元。例如：

　　（3.21）a. 小孩子们是非常地快乐。　　　　　（汤廷池，1979）

　　　　　　b. 他的房子是很漂亮。　　　　　　　（汤廷池，1979）

　　　　　　c. 谁不知道沙子龙是短瘦，利落，硬棒。

　　　　　　　　　　　　　　　　　　　　　　　（李临定，2011）

　　　　　　d. 他对这事情是一清二楚。　　　　　（洪心衡，1987）

　　　　　　e. 我看你是有些傻。　　　　　　　　（洪心衡，1987）

　　这时，"NP是AP"与"NP₂"为类名词的情况相仿，表达的是一种事件元及其论元之间关系。如图3-7所示：

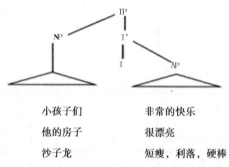

小孩子们　　　　非常的快乐

他的房子　　　　很漂亮

沙子龙　　　　　短瘦，利落，硬棒

图3-7　AP为事件元时"是"的补足语

需要指出的是，前贤们在举这些例子的时候，基本是将"是"理解为表示确定的重读的副词"是"。但是，"是"具有轻重两种读法，当"是"轻读时，可理解为表示判断的动词，可以置于副词之后。例如：

(3.22) a. 小孩子们很是快乐。　　　　　（汤廷池，1979）

　　　b. 他的房子是是很漂亮。　　　　（汤廷池，1979）

　　　c. 医务人员是是辛苦。　　　　　（洪心衡，1987）

　　　d. 这简直是无理取闹。　　　　　（张　军，2005）

　　　e. 他实在是太忙了。　　　　　　（张　军，2005）

黎锦熙和刘世儒（1953）认为副词加"是"的时候，"是"是副词的词尾，和副词一起算作一个副词，如（3.22a-b）中"真"和"是"一起组成"真是"。但是，（3.22c-e）中"是"也可以受副词"很""简直""实在"等其他副词修饰，组成的"很是"和"简直是""实在是"等就不能再算作一个词，只能视为偏正短语。因而，这里我们将例（3.22）中的"是"统一地理解为动词"是"。正如洪心衡（1987）指出的，"真是、又是、只是、还是"等后边都可用名词做谓语，像"可是、但是"之类后面不能用名词做谓语的才算是虚词。这种观点和我们将其视为动词的观点是一致的。

从以上分析可见，"NP 是 AP"和"AP 是 NP"所表示的关系与"NP$_2$"取值为类名词性成分时"NP$_1$+是+NP$_2$"所表示的关系相仿。当形容词性成分经过指称性转变时，表示的是两个或两个以上普通论元之间的表示等同的实体关系，常含隐性形式的空动词"等于"；当形容词没有经过指称性转变，仍然充当事件元时，表示的是形容词性成分充当的事件及其论元之间的事件关系。

（二）判断前后项为名词性成分和动词性成分的组合

与"NP 是 AP"可以表示前成分和后成分的等同一样，当动词性成分没有经过指称性转变时，"NP 是 VP"表示的是对"是"的前后成分之间存在等同关系，或者被说明和说明关系。例如：

(3.23) a. 我们的任务是守卫大桥。　　　（吕叔湘，1980）

　　　b. 这是演戏。　　　　　　　　　（吕叔湘，1980）

　　　　　　　c. 他的缺点是听不进去意见。　　　（李临定，2011）

　　　　　　　d. 青年人的一条正路是刻苦学习。　　（李临定，2011）

　　　　　　　e. 她在这一天可做的事是不过坐在灶下烧火。

　　　　　　　　　　　　　　　　　　　　　　　（李临定，2011）

　　　　　　　f. 母亲最大的特点是一生不曾脱离过劳动。

　　　　　　　　　　　　　　　　　　　　　　　（洪心衡，1987）

　　　　　　　g. 最苦的就是年年要给河神娶媳妇……

　　　　　　　　　　　　　　　　　　　　　　　（洪心衡，1987）

　　正如李临定（2011）指出，该类事件中"是"前后部分等同，可以相互调换位置，其中"名"一般是"事情、毛病、好处、原因、结果、方法、理由"等抽象名词，同样，当需要突显名词性成分的时候，便将其置于句末焦点位置，使之成为信息焦点。例如：

　　（3.24）a. 听不进去意见是他的缺点。　　　（李临定，2011）

　　　　　　　b. 刻苦学习是青年人的一条正路。　（李临定，2011）

　　　　　　　c. 听和说是学好外语的根本途径。　（范　晓，1998）

　　　　　　　d. 慢跑是一项有益的体育活动。　　（范　晓，1998）

　　　　　　　e. 丁医生的使命却是要燃起吴老太爷身里的生命之火。

　　　　　　　　　　　　　　　　　　　　　　　（朱　斌，2002）

　　也就是说，该类动词性成分均带有指称性，均可以加上"这个行为/这种行为"等同位语，或以"这个行为/这种行为"等替代。因此，"是"判断的是其前成分和后成分之间的表示"等同"的实体关系。可图示为：

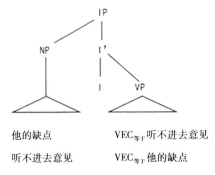

图 3-8 VP 具有指称性时"是"的补足语

该类事件中也有突显其可有论元的情况。例如：

（3. 25）a. 小张进城是昨天。

　　　　 b. 我最后一次遇见他是上海。

　　　　 c. 我们开会是这个会议室。

　　　　 d. 我喝酒是自己的钱。

　　　　　　　　　　　　　　　　　　　（张、邓，2010）

当 VP 没有经过指称性转变，仍然充当事件元时，与"NP₁ 是 NP₂"中 NP₂ 取值为个体名词的情况相似，只是"NP₁ 是 NP₂"中的动词性成分采用了空语类形式，而在"NP 是 VP"中动词性成分采用了显性的语音形式，"是"的前成分为后成分的论元。整个事件表示的是动词性成分充当的事件及其论元之间的事件关系。例如：

（3. 26）a. 他是帮自己，不是帮我。　　　　（汤廷池，1979）

　　　　 b. 他硬是不肯承认自己的错误。　　（汤廷池，1979）

　　　　 c. 粮食也不是不够吃。　　　　　　（洪心衡，1987）

　　　　 d. 她是要烟。　　　　　　　　　　（洪心衡，1987）

　　　　 e. 他可能是一时想不开。　　　　　（洪心衡，1987）

　　　　 f. 他们一定是有更重要的事。　　　（洪心衡，1987）

　　　　 g. 我是有事，不是偷懒。　　　　　（吕叔湘，1980）

　　　　 h. 他是说你呢。　　　　　　　　　（范　晓，1998）

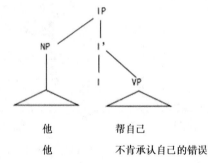

$$\begin{array}{c} \text{IP} \\ \diagup \quad | \\ \text{NP} \quad \text{I}' \\ \quad | \diagdown \\ \quad \text{I} \quad \text{VP} \end{array}$$

他　　　　　帮自己
他　　　　　不肯承认自己的错误

图 3-9　VP 为事件元时"是"的补足语

　　该类事件中"是"的补足语是一个语义完整的子事件，"是"肯定了对其补足语中的某个部分，突显其中的信息焦点。上述例（3.26）中所突显的都是其谓语部分，如果想突显其主语部分，则可以将其置于句末的焦点位置，使之成为信息焦点。但需要指出的是，将谓语部分提到句首时，往往需要加"的"将其指称化，我们可以将李临定（2011）中列举的相关例句箭头左边的句子进行对应的转换，转换为箭头右边的句子。例如：

（3.27）a. 他是想妈。　　↔　想妈的是他。

　　　　　b. 我是过一天算一天。　↔　过一天算一天的是我。

　　　　　c. 他不是在教书？　↔　在教书的不是他？

　　　　　d. 他是明天走。　　↔　明天走的是他。

　　　　　e. 我是第一次出门。　↔　第一次出门的是我。

　　　　　f. 我也是这样想。　↔　也这样想的是我。

　　　　　g. 敌人明明是胡说。　↔　胡说的明明是敌人。

　　另有一些"NP 是 VP"或"VP 是 NP"中的 NP 是事件性的名词性成分，其本身就代表了一个事件。例如：

（3.28）a. 老师的希望是学生都成为有用的人才。

（范晓，1998）

　　　　　b. 我的忠告是要学习，多学习，多多学习。

（李临定，2011）

c. 党和上级对你的要求是做个智勇双全的营长。

（朱　斌，2002）

d. 我没穿衣服是感冒，他没穿衣服是肺炎。

（张、邓，2010）

e. 全城停电是东边那场大火。　　（张、邓，2010）

f. 东边那场大火是有人违章作业了。　（张、邓，2010）

这里也可分为两种情况，例（3.28a-c）中，后成分可以做前成分中事件元"希望""忠告"和"要求"等的论元，表示的是事件元及与之相关的普通论元之间的关系；而例（3.28d-f）可以表示两个事件元之间的事件链关系，相当于因果复句所传递的信息内容，相当于含有致使关系的事件链：例（3.28d）中前成分表示的事件导致了后成分表示的事件，例（3.28e-f）中后成分表示的事件导致了前成分表示的事件。

除了同意朱德熙（1982）所列举的"是"后面加名词性宾语、谓词性宾语，范晓（1998）① 和朱斌（2002）还补充了由主谓短语充当"是"字宾语的情况。"NP 是 CP""CP 是 NP"的情况与"NP 是 VP""VP 是 NP"情况相仿，可以表示等同，如例（3.29）；也可以表示 NP 是与 CP 中核心谓词相关的普通论元，肯定其中某个论元的性状，如例（3.30）。

（3.29）a. 他第一个大毛病是手不稳。

b. 我这个人的好处就是心眼儿灵便，老随着时代走。

c. 写得好是事实。　　　　　（朱德熙等，1990）

d. 写得好，这是事实。　　　（朱德熙等，1990）

（3.30）a. 他写这篇文章不是一两天功夫。　（陈建民，1984）

b. 我们家吃鱼是四川风味。　　（张、邓，2010）

此外，"NP 是 CP""CP 是 NP"中也可以用以判断事件链之间的关系。

---

① 范晓（1998）用是否可以去掉句中的"是"来区别"名+是+非名"格式里两种不同的"是"，不能去掉则为判断，如例句 a，能去掉则为强调，如例句 b。

a. 抵御风沙袭击的方法是培植防护林。→＊抵御风沙袭击的方法培植防护林。

b. 我是多么想念我的老师呵！→我多么想念我的老师呵！

例如：

    （3.31）a. 这并不是小林的意志不坚强。　　（朱　斌，2002）
              b. 第一次世界大战是欧洲陷入灾难。（张、邓，2010）
              c. 那场大火是电线跑了电。　　　　（张、邓，2010）

    可见，"NP 是 VP/CP"和"VP/CP 是 NP"中"是"所判断的关系也可以归纳为三种：第一种为论元之间的等同关系，常含隐性的空动词"等于"；第二种为动词及其论元之间的关系；第三种为类复句的事件链关系。

第三节　判断前后项均为非名词性成分

    判断前后项均为非名词性成分的"是"字句同样是一个判断性事件，由提升动词"是"及其子事件组成。在该类事件中，"是"的前成分和后成分均非名词性成分，可以是动词性成分、形容词性成分或者是小句等带有事件属性的成分。与前面分析的一致，当判断前后项均为非名词性成分时，"是"的前后项之间的关系同样可以归纳为三种。

    第一种情况中的非名词性成分相当于普通论元，该类"是"字句充当普通论元的前成分和后成分之间的等同关系，常含隐性的空动词"等于"。例如：

    （3.32）a. 你这样做就是支持我们。
              b. 老李不言语就是无条件的投降。
              c. 靠着谈天或随意的看报，便是休息。
              d. 要知道多用陈腐的文言是投降给死言语。

                                （李临定，2011）
              e. 打是疼，骂是爱。　　　　　　（范　晓，1998）
              f. 他不表态就是同意。　　　　　（吕叔湘，1980）
              g. 不喝酒就是不够朋友。　　　　（汤廷池，1979）

    值得注意的是，以上各类非名词性成分之间的关系，可以看作是对两种具有指称性事件之间等同或解说关系的判断，也可以看作对两个具有等同或解说关系的事件链之间关系的判断。

第二种情况中的前成分和后成分之间有事件元及与之相关的普通论元的关系，其中必须有一个非名词性成分具有指称性，相当于普通论元。例如：

（3.33）a. 最要紧的还是我们抗击部队争取了时间。

（李　健，1987）

　　　　b. 做这种事情真是易如反掌。　　（石毓智，2005）

其中非名词性成分"我们抗击部队争取了时间"和"做这种事情"均具有指称性，分别是事件元"最要紧"和"易如反掌"的普通论元。

第三种情况中的前成分和后成分之间有类似于复句的事件链关系[①]。例如：

（3.34）a. 新中国的诞生是马列主义、毛泽东思想的伟大胜利。

（吕叔湘，1980）

　　　　b. 小张没来上课是父亲病了。　　（张、邓，2010）

　　　　c. 开这个会不是为了走走形式，是要真正解决问题。

（朱　斌，2002）

　　　　d. 天阴是要下雨了。　　（屠、钱，2022）

需要指出的是，事件链之间的语义关系并不相同，例（3.34a）中，"是"的前后两个子事件之间是等同或解说关系；例（3.34b）中，"是"的前后两个子事件之间是因果关系；例（3.34c）中，"是"的前后两个子事件之间是目的关系；例（3.34d）中，"是"的前后两个子事件之间是承接关系。关于判断前后项含有非名词性成分时的关系类别见表3-2：

[①]　上面所说的事件和事件之间的"等同"关系，也可以理解为类复句的解说关系，这两种看法之间并不矛盾，只是分析的角度不同。

表 3-2 前后项含有非名词性成分时的关系类别

	关系类别	X 的取值	示例	
实体关系	两个（以上）普通论元之间	AP/VP/CP 具有指称性，充当普通论元	团结就是力量。 祖国强盛是人民的幸福。 你这样做就是支持我们。	
事件关系	事件元及与之相关的普通论元之间	AP/VP 为事件元	他是说你呢。 我们开会是这个会议室。 他的房子（真）是很漂亮。	
事件链关系	两个（以上）事件元之间	AP/VP 为事件元	等同/解说关系	打是疼，骂是爱。
			因果关系	他没来是父亲病了。
			目的关系	开这个会不是为了走走形式。
			承接关系	天阴是要下雨了。

第四节　表层结构无主语的"是"字句

"扩充的投射原则（EPP）"要求每个句子必须有一个主语，为了满足这项要求，英语含有提升动词的句子要么插入一个虚主语，要么提升动词补足语子句中的某成分向前移位。对于汉语来说，EPP 特征具有可选性（Huang，1982；马志刚，2010），在表层结构也可以出现无主语的情况，所以，我们在表层结构也常常可以见到"是"选择一个小句做补足语的情况，即"是+SX"。

洪心衡（1987）认为这种句子可以算作无主句——用"是"直起，断定一个事实或情况。事实上，所有判断性事件在句法上均为无主句。而该类事件以"是"居句首，其表层结构和深层结构是一致的，其补足语是一个完整的命题。例如：

(3. 35) a. 是我疏忽了，请你原谅。　　　　　（吕叔湘，1944）

b. 是共产党领导咱们搞四化。　　　　（李　健，1987）

c. 是树遮住啦！　　　　　　　　　（洪心衡，1987）

d. 是隔壁的孩子进院子里来捡球。　　（汤廷池，1979）

e. 是他拿走了那本书。　　　　　　（张　军，2005）

f. 是人民群众创造了历史。　　　　（张　军，2005）

该类事件以"是"居首，所判断的对象为整个子事件，但是因为"是"有突显信息焦点的作用，所以既可以突显整个子事件，也可以突显邻接"是"的事件主体作为信息的焦点。从语音上一般有两种读法，第一种读法没有句重音，第二种读法突显"是"所邻接的事件主体。例如：

(3. 36) a. 是我疏忽了，请你原谅。　　　(吕叔湘，1944)

b. 是共产党领导咱们搞四化。　　(李　健，1987)

c. 是树遮住啦！　　　　　　　　(洪心衡，1987)

d. 是隔壁的孩子进院子里来捡球。(汤廷池，1979)

e. 是他拿走了那本书。　　　　　(张　军，2005)

f. 是人民群众创造了历史。　　　(张　军，2005)

第五节　本章小结

"是"所判断的对象可以归纳为三种关系，如图 3-10 所示：

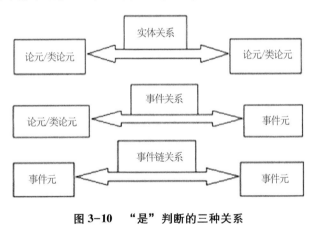

图 3-10　"是"判断的三种关系

当"是"的前成分和后成分均为普通论元时，判断的对象为论元之间的实体关系。这时"S是X"的前成分可以是名词性成分、谓词性成分，也可以是主谓短语，但是均具有指称性。也就是说，其中的谓词性成分和主谓短语后均可以加上"这个行为/这种行为"或"这个性状/这种性状"等同位语,或以"这个行为/这种行为"或"这个性状/这种性状"等同位语替代。句中常常含有空动词"等于",但也可以根据上下文有不同的解读。

当"是"的前成分和后成分中一项为事件元,另一项为普通论元时,判断的对象为事件元及与之相关的普通论元之间的事件关系,子事件总是由含一个谓词(或类名词、事件名词等)充当的事件元及其论元组成。

当"是"的前成分和后成分均为事件元时,判断的对象为类复句的事件链关系,"是"的前成分和后成分一般均为表示事件的谓词性成分,但是也有可能是具有事件性的名词性成分,表示事件的意义。

第四章 "X 是 X, P" 的句法语义分析[①]

"X 是 X" 中 "是" 的前后成分为同一词语, 但该句并非简单的重复判断, 是一种必须带有后续小句的特殊语法构式。例如:

(4.1) a. 漂亮是漂亮, 就是自以为是, 认为自己比谁都聪明。
b. 男人是男人, 女人是女人。
c. 他演得真好, 眼神是眼神, 身段是身段, 做派是做派。

吕叔湘 (1942) 就注意到 "X 是 X" 这种语法现象, 指出该句式具有 "容认" 的功能, "因为有下文的一转, '是' 才有了 '虽然' 之意"。事实上, "是" 并无 "虽然" 义, "虽然" 是 "X 是 X, (转折词)" 的构式义。由于该构式的各小类的差异较大, 大多数相关研究都着眼于分类。张弓 (1963) 将 "X 是 X" 命名为 "同语式", 并将其分为单提式和对举式, 彭增安和张少云 (1997) 在此基础上补充了 "并列多项式" 等。邵敬敏 (1986) 将 "同语式" 归纳为 "对举式" 和 "转折式" 等。

文献关于 "X 是 X, P" 分类的研究, 从句法角度一般将其分为单项式 "X 是 X, 转折词……" 和多项式 "X 是 X, Y 是 Y (Z 是 Z) ……" 两类, 其中 "多项式" 还被分为双项式和排比式; 从语义角度一般将其分为转折 (或称为 "容认" "让转" "让步" 等) 和对举 (或称为 "区别" "并列" "列举" 等) 两大类。张弓 (1963) 将带有后续小句的 "X 是 X" 分为单提式和对举式; 向平 (2000) 将该其分为三项, 分别是单提式、对举式、排比式。曾海清

---

① 本章的主要内容曾于 2019 年发表过, 苗孟华、屠爱萍 (2019) 的写作源于屠爱萍指导的硕士研究生苗孟华同学的硕士学位论文。苗孟华学位论文的主要观点, 师生进行过多次讨论, 而苗孟华、屠爱萍 (2019) 由屠爱萍执笔, 且从观点论述到例句选择均由屠爱萍负责, 分类等内容也较苗孟华的硕士论文有所变化。

（2011）将"是"字同语式分为单项式、双项式、多项式，而且双项式和多项式中都存在列举和对举，对举又称区别，表示"X""Y"区别对立；列举实为并列，"X""Y""Z"等构成一个整体，共同表现人或事物的地道、不含糊等。

此外，有些研究还注意到了与之相关的其他格式，例如，邵敬敏（1986）还关注了 X1 或 X2 带着一个同位成分、谓语中心词采用准系词"象（像）、成、为、做等"、X1 或 X2 受定语的修饰等。彭增安和张少云（1997）还列举了系词"是"前后同形词语字数相等和字数不等的同语式、肯定式同语和否定式同语等。吉益民（2016）对"比 X 还 X"和"X 中的 X"等"主观极量图式构式"进行了考察。桑勇（2018）还指出当"P"为零形式的时候，"X 是 X"具有指代义。但是，这些格式与"X 与 X，P"有很大的差别，限于篇幅，这里仅对下列几个问题进行探讨：第一，结构上，"X 是 X，转折词……"和"X 是 X，Y 是 Y（Z 是 Z）……"能否进行更详细的划分，除此之外有没有其他结构形式？第二，语义上，"转折"和"对举"是否具有更下位的次类，除此之外，是否另有结构类别和语义类别？第三，结构类和语义类之间是否具有对应关系？第四，"X 是 X"中的"是"和"X"的性质如何？

第一节　"X 是 X，P"的再分类

"X 是 X，P"的结构和语义类型之间的关系，现有文献并没有做过太多讨论。我们拟从该构式的结构入手，对"X 是 X，转折词……"和"X 是 X，Y 是 Y（Z 是 Z）……"两类句式进行再分类，然后，补充出后续小句无特殊标记的第三类，并揭示该构式句法语义之间的对应关系。

（一）"X 是 X，转折词……"及其次类型

"X 是 X，转折词……"从语义角度可称为"转折类"，该类句子具有让步义，说话人有所保留，只是部分肯定，也就是吕叔湘（1942）所谓的"容认"。黎锦熙（1924）指出转折词有重转、轻转和意外三类。重转以"然而""但是""但""可是"等为形式标志；轻转以"只是""不过""其实"等为形式标志；

意外类如"不料""不想""反而"等为形式标志①。"X是X，转折词……"中前一分句一般没有关联词语，只是在后一分句中经常使用表示转折的关联词语。根据该类句中根据转折词语的不同，可以将这种含有转折词语的句子分为重转和轻转两类。

"X是X，重转类转折词……"表示重转，其中重转类转折词一般位于"X是X"后续小句"P"的开头，只有少数位于后续小句的中间。该构式中"X是X"及其后续小句之间虽不是完全对立，转折性也非常明显，能够对"X"进行否定。例如：

(4.2) a. 夜班编辑苦是苦，但也很有乐趣。

　　　 b. 高树槐好是好，但是他的"老黄牛"精神太"传统"了。

　　　 c. 睡是睡着了，可是睡得不太好。

　　　 d. 回顾和它们一起拍片的日子，累是累，可心情极佳。

　　　 e. 那个艾艾，漂亮是漂亮，性格却很自我。

在这种句子中，因为"X是X"具有肯定"X"的作用，能够以肯定语气来缓冲转折的强度，整个句子与含有"虽然X，但是……"这种重转类转折复句相比，显得较为委婉。

"X是X，轻转类转折词……"表示轻转，其中轻转类转折词"只是""就是""不过"等一般位于"X是X"后续小句"P"的开头。说话人首先对"X是X"进行肯定，然后再用后续小句进行补充，指出存在不足或有所欠缺。全句虽表转折，但是比重转类语气轻，较为含蓄。例如：

(4.3) a. 这儿好是好，只是路线太远。

　　　 b. 这个规划好是好，就是不合时宜。

　　　 c. 这副对联好是好，不过太消极了。

---

① 黄伯荣和廖序东（2013）将转折关系分为重转、轻转和弱转三类，其中，"重转"以合用"虽然……，但是……"类关联词语为形式标记，"轻转"以只用一个关联词语"虽然""但是"或者"可是"等为形式标记，"弱转"以单用"只是""不过""倒"等为形式标记，或者无形式标记。因为"X是X，P"句式中没有"虽然"等转折前项的关联词语，不属于黄伯荣和廖序东（2013）所谓的重转类，所以我们采用了黎锦熙（1924）的分类方法，同时援用了黄伯荣和廖序东（2013）"弱转"的概念。

重转和轻转看似区别明显，但是也存在两类转折词连用的情况，一般重转在前，轻转在后。两个相邻的转折词标志的转折程度有别，重转之后用上语气较为缓和的轻转类连词，转折强度介于重转和轻转之间。例如：

> (4.4) a. 这样好是好，可就是有点儿太拖累你和小廓了。
>
> 　　　b. 漂亮是漂亮，但就是有点儿自以为是。

除了重转类和轻转类，黎锦熙（1924）认为转折关系还包括"意外类"，通过对语料库中相关语料的考察发现，意外类转折词"不料""不想""反而"等一般不出现在该类句中。这主要是因为这种句子一般用于阐明说话人自己的主观态度，一般不表达意外。

（二）"X 是 X，Y 是 Y（Z 是 Z）"及其次类型

从结构上看，"X 是 X，Y 是 Y（Z 是 Z）"虽然两项并列的情况较多，但并非一定是两项并列，还可能有三项、四项或者更多的并列式，可分为双项式"X 是 X，Y 是 Y"和多项式（或称为"排比式"）"X 是 X，Y 是 Y，Z 是 Z……"两种，该句式前后一般还会出现解释性成分，用以说明句子的整体意义，表明列举的目的。从语义上看，结构上的双项式和多项式之间并无明显区别，我们在讨论语义类别的时候不再进行区分。一般认为该句式双项式和多项式都可分为对举（或称为"区别"）和列举两类。其中，对举类主要强调"X""Y"之间的区别，可称为"区别类"；列举类表示同时拥有具有共同特征的两项或多项并列成分（曾海清，2011）。例如：

> (4.5) a. 每个人的情况不同，你是你，我是我，他是他。
>
> 　　　b. 不过说是说，做是做，只要一见到她，一想到她，我就又不顾自己。
>
> 　　　c. 人家卧室是卧室，客堂是客堂，吃饭有餐厅，烧饭有厨房。
>
> 　　　d. 眉毛是眉毛，眼睛是眼睛，长得可真俊。

如果仔细观察上述列举类的两个句子，则可以发现，这两个句子的语义和

功能并非一致，例（4.5c）主要用于肯定列举事物"卧室"和"客堂"等的存在，表示应有尽有，可称为"肯定类"。而例（4.5d）并非用于肯定列举事物的存在，而是对列举对象"眉毛"和"眼睛"等的出众性表示赞美，可称为"赞美类"。另如例（4.6a-b）表示肯定，例（4.6c-d）表示赞美。

> （4.6）a. 那一天，风是风，雨是雨，还响着雷。
> b. 我这里汤是汤、水是水、焖是焖、燉是燉，还调养不了她。
> c. 按说当那个交际花儿吧，总得盘儿是盘儿，条儿是条儿。
> d. 一头垂腰的长发烫得丝是丝，缕是缕，丰厚无比。

（三）无特殊标记的"X是X，……"及其次类型

除了文献中公认的"X是X，转折词……"和"X是X，Y是Y（Z是Z）……"两大结构形式，粘着构式"X是X"的后续小句也可以没有特殊形式标记。例如：

> （4.7）a. 漂亮是漂亮，脾气不太好。
> b. 你是你，跟我们不一样。

这两个句子从语义角度可以分属为上文提到的两种类型：转折类和对举类，只是较上述转折类和对举类，该类句子有自己的特点，可分别称为"弱转类"和"分辨类"。

与"X是X，转折词……"类似，无特殊标记的"X是X，P"也可以表示转折。如果将句中加上转折词，该类句子就会转换为重转类或轻转类。例如：

> （4.8）漂亮是漂亮，但是/就是脾气不太好。

正是因为这类句子没有转折词，与上文介绍的重转和轻转相比，这时的转折语气较弱。弱转类对"X"的肯定程度比重转类和轻转类都要强，说话人在肯定"X"的同时，表达个人的不同见解、顾虑，或者陈述含有转折义的事实等。例如：

> （4.9）a. 打法好是好，咱们学不了。

      b. 来是来了，住了一天又回学校去了。

      c. 好看是好看，买回去做什么用呢？

与"X 是 X，Y 是 Y"类似，有些无特殊标记的"X 是 X，P"也可以表示区别，但因为没有类似的比较项，不能形成对举或列举，只能将后续小句中的某事物、行为、性质等与"X"分辨开来，可称之为"分辨类"。这类句子，一般用于同类事物以及属性之间的比较，强调前后小句之间的不同，并说明辨别的对象，突出显示"X"的特殊性。例如：

    (4.10) a. 老师是老师，跟学生能一样？

          b. 可爱是可爱，跟漂亮还是有差别的。

          c. 事实是事实，想象只是一种奢侈。

可见，"X 是 X，P"从句法角度可分为"X 是 X，转折词……""X 是 X，Y 是 Y（Z 是 Z……）"和无特殊标记的"X 是 X，……"三类，从语义角度可分为转折、对举和列举三大类，并均可以做进一步的详细划分，而且，该句式从结构和语义角度分出的各小类之间还存在一定的对应关系。如表4-1所示：

表4-1 "X 是 X，P"的句法、语义及其对应关系

句法分类	语义分类		示例
"X 是 X，转折词……"	重转	转折	夜班编辑苦是苦，但也很有乐趣。
	轻转		这儿好是好，只是路线太远。
无特殊标记的"X 是 X，……"	弱转		打法好是好，咱们学不了。
	分辨	对举	老师是老师，跟学生能一样。
"X 是 X，Y 是 Y（Z 是 Z，……）"	区别		每个人的情况不同，你是你，我是我，他是他。
	肯定	列举	人家卧室是卧室，客堂是客堂。
	赞美		眉毛是眉毛，眼睛是眼睛，长得可真俊。

第二节 "X 是 X"中语法构件的性质

"X 是 X"中只包括两个语法构件，"X"和"是"。但是与上述"X 是 X"

各次类相对应，不同的 "X 是 X" 中 "X" 和 "是" 的性质也存在差异。

（一） "X 是 X" 中 "X" 的性质

关于粘着构式 "X 是 X" 中的前 "X" 表示指称，这一点是学者们公认的，而关于后 "X" 则颇有争议。邵敬敏（1986）没有关注转折类 "X 是 X，P" 中后 "X" 的性质，但指出了对举类 "X 是 X，P" 中的后 "X" 表示评价。朱敏（2005）则认为后 "X" 的属性取决于前 "X" 的性质，当前 "X" 为体词性时，后 "X" 表示属性；当前 "X" 为谓词性时，后 "X" 表示陈述。通过对 "X 是 X，P" 的再分类，我们发现，后 "X" 的语法意义与它们所在句式的语义类型有关，下文以转折、对举和列举这三个不同的语义类型为切入点进行分析。

转折类 "X 是 X" 中的 "X" 大都由谓词充当，主要是形容词性成分。这是因为转折类主要表示对性状的评价。但是，进入该构式的 "X" 也有一些名词性成分，但是名词性成分的后 "X" 是类名词性成分（Li，1999；黄正德，2008）[①]，具有形容词性成分的语法属性。例如：

(4.11) a. 夜班编辑苦是苦，但也很有乐趣。
b. 女人是女人，可说话做事一点儿女人味都没有。
c. 男人是男人，但也有柔情的一面。

句中的前 "X" 表示指称，指代交际双方已知的事物或者属性，后 "X" 表示陈述，表达了说话人的主观态度，即并非完全同意前 "X" 的属性，只是部分肯定，属于主观消减量（侯贤慧，2013）。

对举类主要表示事物的区别，列举类所列举的对象主要也是事物，所以对举和列举类的 "X 是 X，P" 中前 "X" 作为已知信息依然表示指称，后 "X" 表示属性，对前 "X" 表示肯定。其中 "X" 主要由体词充当，以名词性成分为主，但也存在谓词性成分。例如：

① Li（1999），黄正德（2008）等指出个体名词可以指涉人、事、物、时、地等，其语义类型是实体；而类名词指涉的是一种属性，相当于形容词性成分，可以充当谓语。

(4. 12) a. 他是他，咱是咱。　　　　　　　　　（代词）

b. 老板是老板，跟我们这些人能一样吗？（名词）

c. 一是一，二是二。　　　　　　　　　（数词）

d. 好是好，坏是坏。　　　　　　　　　（形容词）

例（4. 12a）中，两个分句形成对举，表示"他"和"咱"区别对立，后一分句中后"咱"是对前"咱"的完全肯定，以区别于前一分句中的"他"。例（4. 12b）中"两个分句意义对立，辨别"老板"和"我们这些人"的不同，所以后"老板"是对前"老板"的完全肯定，从信息量上看，前后两个"老板"是等量的。

（二）"X 是 X"中"是"的性质

关于粘着构式"X 是 X"中"是"的性质，景士俊（1994）认为取决于"X"的词性，谓词前是副词，体词前是判断动词；朱敏（2005）认为取决于后续小句的结构形式，如果后续小句也是同语式，则"是"为动词，否则为副词；然而，虽然转折类"X 是 X，P"句中"X"多为谓词性成分，对举、列举类"X 是 X，P"句中"X"多为体词性成分，但各类"X 是 X，P"句中的"X"均可以取值为谓词性成分和体词性成分。侯贤慧（2013）认为该构式中的"是"已经不是判断动词，而是一个焦点标记词，但是，"判断动词"是其句法、语义属性，而"焦点标记"则是它的语用功能，二者不在同一个层面。下面同样以转折、对举和列举三个不同的语义类型为切入点进行分析。

转折类"X 是 X，P"句中，当"是"轻读的时候，都可做判断动词，表示判断。但是，当该构式中的"是"还可以重读，重读时全句的"肯定"义加重，重读的"是"同时具有强调和判断的作用，可以用"确实是""的确是"来替换（屠爱萍，2013c）。例如：

(4. 13) a. 夜班编辑苦确实是苦，但也很有乐趣。

b. 这儿好确实是好，只是路线太远。

c. 打法好的确是好，咱们学不了。

对举类包括区别和分辨两小类，列举类包括肯定和赞美两小类。对举和列

举两大类 "X 是 X，P" 中的 "是" 一般只能轻读，不能重读，一般也不能在 "是" 前面加上表示确定的副词 "确实" "的确" 等。例如：

(4. 14) a. *老师确实是老师，跟学生能一样？

b. *每个人的情况不同，你确实是你，我确实是我，他确实是他。

c. *人家卧室确实是卧室，客堂的确是客堂。

d. *眉毛确实是眉毛，眼睛的确是眼睛，长得可真俊。

可见对举和列举两大类中的 "是" 对 "X" 进行了充分的肯定，后续小句或与 "X 是 X" 区别对立，或与 "X 是 X" 平行列举，表示对列举对象的充分肯定，一般不再对 "是" 加以确认。从语用上说，"X 是 X" 及其后续小句中的焦点在后续小句中，"是" 并不能作为焦点标记，但可以对听话人的观点进行肯定，发挥肯定性的评价作用，属于评价性标记（Fraser，1996；乐耀，2016)[1]。说话人为了避免受话人误解，使用评价性标记表明自己的态度，相对委婉。

第三节 本章小结

"X 是 X" 是一种特殊的判断性事件，其后需带有后续小句，形成独特的构式义。以 "X 是 X" 后续小句的结构形式为着眼点，我们增补了无特殊标记的 "X 是 X，……" 类，将 "X 是 X，转折词……" "X 是 X，Y 是 Y（Z 是 Z）……" 和无特殊标记的 "X 是 X，……" 三种结构类型划分出 "重转" "轻转" "弱转" "区别" "分辨" "肯定" 和 "赞美" 七种语义类型，并分析了句法和语义之间的关联性。当语义类型为转折时，"X" 一般为谓词性，前 "X" 表示指称，后 "X" 表示评价，后 "X" 是前 "X" 的消减量，"是" 可以轻读和重

---

[1] Fraser（1996）将语用标记分为四类：基本标记、评论性标记、平行性标记、话语标记。我们认为 "X 是 X" 中的 "是" 属于评价性标记。乐耀（2016）考察了不同的会话序列结构中，让步类 "X 是 X" 表达主观评价立场的功能，这和我们的分析是一致的。

读，分别具有判断意义和强调意义。当语义类型为对举和列举时，"X"一般为体词性，前"X"表示指称，后"X"表示属性，前后"X"等量，"是"一般不重读，为判断动词，具有判断意义。

第五章　"S 是 X 的"的小句结构

本章讨论的判断性事件"S 是 X 的"是含"是……的"结构的特殊判断性事件，从组合形式上看一般以"是"居中，以"的"结尾，由四部分构成：主语"S"，谓语中心语"是"，"是……的"间的变项"X"和助词"的"。例如：

(5.1)　a. 这本书是弟弟的。　　　　　　　　（赵淑华，1978）

　　　　b. 这样做是很正确的。　　　　　　　（宋玉柱，1978）

　　　　c. 那是他说的。　　　　　　　　　　（Chao，1968）

　　　　d. 小王是昨天来的。　　　　　　　　（朱德熙，1978）

　　　　e. 他是知道的。　　　　　　　　　　（邢福义，1981）

　　　　f. 韩劲是会对你好一辈子的。　　　　（李讷等，1998）

小句结构不仅包括句法结构，还包括语义结构和信息结构，全面了解一个句式不能够只立足于某一、两个角度，而应该从不同角度出发对其进行纵横交错的综合考察。关于"S 是 X 的"的性质认定，以及与之相关的"是"字和"的"字的性质、作用，一直颇具争议。究其原因，是观察的角度不同：或从语表形式出发，或从语里意义出发，或从语用价值出发，或从信息焦点标记的角度进行考察，等等。但是，要想全面了解该事件结构不能只立足于某一、两个角度观察，而应该从不同角度出发对其进行纵横交错的综合透视。

本章以"语法研究的三个世界"（萧国政，1991）为观察和分析的视角，从组合形式出发，对不同类型的判断性事件"S 是 X"的事件结构进行综合的立体透视。探究其意义的表达，并根据对其动态信息结构的透视，揭示该类事件的特点，以期达到对该类事件"否定之否定"的重新认识。

第一节　"语法研究的三个世界"理论

"语法研究的三个世界"理论（萧国政，1991、2001）与语法研究的"三个平面"（胡裕树、范晓，1985）和"表—里—值"的小三角理论（邢福义，1987）一脉相承。与"三个平面"和"表—里—值"的小三角理论不同，"语法研究的三个世界"理论更注重语言对信息的传递，也称为"传息语法"。

"语法研究的三个世界"即组形语法世界、释义语法世界和传息语法世界理论，在语法研究内部，语法研究从组形语法、释义语法向传息语法研究延伸，是语言研究从语言静态构成规则的揭示，向动态运用规则揭示前进的历史性阶段变化，具有质变的意义（萧国政，2001）。

组形语法是"语法王国和语法学成果领域的超级大国——第一世界"。因为语言外在的组合形式是感知语言最直观、最可靠的依据，所以语法研究首先应该是形式语法的研究。在组形语法研究方面，需要在 20 世纪已有研究成果的基础上，进一步加强系统意识，进行系统性研究，努力揭示出制约语形组合的种种范畴，包括显性范畴和隐性范畴等，探索出更具概括性的规则、原则和规律。

释义语法，是揭示短语、句子以及更长语言片段与其意义的对应关系的研究。汉语是重意合的语言，汉语释义语法的范畴和内容十分丰富。语法研究的根本目的是"找出语法结构与语义之间的对应关系"（朱德熙，1980)[①]。语言是音义统一的符号系统，这说明语言不只是形式，还有意义。而且语言的意义不仅仅是词汇意义的简单叠加，还有短语意义、句式意义、句联（小句连接体）意义等。20 世纪 90 年代开始，释义语法已经受到人工智能、第二语言教学等领域的学者们的高度重视。但以往释义语法研究中一些倾向性的做法，常常是漏掉了格式类型和取义模式的停靠点。因而，释义语法主要任务是寻找

---

① 此后邢福义（1996）、张斌（2002）、陆俭明（2005）等均认可这个观点，认为揭示语形与语义之间的对应关系是语法研究的最终目标。

"形"与"义"对应的隐性语法范畴和显性语法范畴，揭示语言单位各种联结类型、模式和方式所蕴含的意义，探索科学地理解语言的途径与方向，在语法研究的不同层面，都予释义语法以足够的重视，尽量缩小释义语法与组形语法研究的差距。

传息语法认为句子的信息是具有先后问答顺序的动态语义内容，传息语法研究，如语言单位负载信息的方式，信息输入和提取的规律等，不仅要探索语言信息传递的规律，而且还能揭示信息结构对语形结构的制约，以及对语义理解的帮助。其主要内容可表述为以下几点①：

第一，信息结构是独立于句法结构和语义结构之外的语言结构和语法范畴。

第二，讲话是信息的入句，听话是信息的提取。

第三，一个句子是一个以问答为背景的题述结构。

第四，区分信息焦点和语用焦点。

第五，"信息结构"是有"层级性"的。

第六，"息序"是信息表达的先后次序。

总之，"传息语法"旨在向人们动态地展示信息的入句和提取的规则，并以此为支撑点探讨"组形语法""释义语法""传息语法"这三个世界相互制约、相互影响的关系，以促进语言学、应用语言学和其他学科的发展。

第二节 "S是X的"的句法结构

"组形世界"是语言研究的第一语法依据，也是观察语言最直接、最客观的方式和视角。从组形视角出发，对判断性事件"S是X的"句法结构进行考察的，以宋玉柱（1978）、赵淑华（1979）、邢福义（1981）、胡裕树（1979/1987）、黄伯荣和廖序东（1980/2017）、范晓（1998）和谢福（2010）等为代表。

---

① 可参见萧国政（1991、2001）、胡惮（2005）、郭婷婷（2005）、程乐乐（2006）、李春玲（2009）等。

宋玉柱（1978）较早对"是……的"句进行了研究，根据"是"和"的"的属性，把"是……的"句分为三类：第一类"是……的"分属于"判断词……结构助词"，如"这张桌子是木头的"，是判断句；第二类"是……的"分属于"副词……语气词"，如"这个字，我是认得的"，是强调句；第三类"是"字完全可以去掉而意思不变，"的"字是表示时态的助词，如"这样做是很正确的"，表示过去时间。词类主要是根据其语法功能来确定的，如果将"的"的词性作为句式分类标准，用词性来确定其语法功能，容易陷入循环论证，而且，这种分类方式存在分类标准不统一的问题，"判断"和"强调"是该句式的功能，而"过去时间"是该句式的时态。

赵淑华（1979）根据"是……的"结构中出现在"的"字前成分的性质以及语法成分的共现关系为标准将其分为三类：第一类"是"为谓语中主要动词，"是"加上"……的"构成谓语，"的"前往往是单独的名词、代词、形容词、动词等；第二类"是"不是谓语中主要动词，它一般放在状语之前，表示强调，"的"放在动词之后，表示动态；第三类"是……的"中间一般是形容词结构或动词结构。分别举例如下：

> （5.2）a. 这本书是借的。
>
> b. 那本教材是 1958 年编写的。
>
> c. 他是不怕批评的。

（赵淑华，1979）

很显然第一类、第二类中的"动词"和第三类中的"动词结构"之间存在概念交叉。例（5.2）中"是……的"之间的"借""1958 年编写"和"不怕批评"都是动词性成分，且"的"字前均为动词，这种分类的标准难免不够明确。与赵淑华（1979）相比，吕叔湘（1980）中的分类更为详细：

> （5.3）a. 主语+是+名+的。如：这本书是谁的？
>
> b. 主语+是+动/形+的。如：①我是教书的。｜②这条鱼是新鲜的。
>
> c. 主语+是+小句+的。如：那封电报是家里发来的。
>
> d. 主语+是+动+的。如：我是不会开这种拖拉机的。

  e. 主语+是+形+的。如：鱼是挺新鲜的。

（吕叔湘，1980）

  吕叔湘（1980）认为例（5.3a-c）中的"……的"可以理解为省掉一个名词或代词（可是事实上多不说出来），（5.3d-e）不能这样理解，只是在一般句子里加进去"是……的"，用以加重语气。但这种分类同样存在下位变体交叉的问题，如（5.3）中 b①和 d 之间的"动"、b②和 e 之间"形"就不容易分辨。

  邢福义（1981）指出结构助词"的"常常同词或词组组成"的"字结构，用作"是"的宾语，语气助词"的"常常同句中表肯定或强调的"是"呼应使用。这两种情况均能造成"是……的"形式。举例如下：

  （5.4）a. 他是报社的。
     b. 他知道，他是知道的。

（邢福义，1981）

  关于如何区分，邢先生提出了两种办法：第一种是看能否把"的"去掉，并且把"是"改成"的确"。如果能，则是第一类；不能则是第二类。第二种是结合语言环境，看整个句子是不是给事物分类的判断句，如果是，"的"字便是结构助词；如果不是，"的"字便是语气助词。这种观点以语表能否去掉句中"是"和句末"的"，将不同的"S 是 X 的"二分：不能去掉则为判断句，如（5.4a）；能去掉则为强调句，如（5.4b）。例（5.4b）中"是"为副词，表示强调，句末"的"为语气助词，加强语气，因而两者均能去掉而不影响小句基本意义。持类似观点的还有胡裕树（1979/1987）、黄伯荣和廖序东（1980/2017）、范晓（1998）等。这种分析的标准比较统一，且比较符合汉语使用者的"语感"。

  需要注意的是，正如朱德熙（1978）所指出的，所有"是……的"句都可以表示判断，如果将上述研究中的例句代入"S 是不是 X 的"或"S 是 X 的不是"等格式进行验证，结果就是所有"是……的"句均能进入。这足以说明，所有"是……的"句中的"是"首先都是作为判断动词出现的，或者至少可以说不只是副词。

　　对于能否去掉"是……的"结构的标准，可以比较一下当 X 取值为名词性成分、动词性成分、形容词性成分、主谓结构（小句）时，能否去掉"是……的"的不同情况。例如：

　　（5.5）a. 这本书是弟弟的。→＊这本书弟弟。　（赵淑华，1978）

　　　　　　b. 这本书是浅绿色的。→这本书浅绿色。

　　（5.6）a. 小王是昨天来的。→？小王昨天来。　（朱德熙，1978）

　　　　　　b. 小王是 1995 年出生的。→小王 1995 年出生。

　　（5.7）a. 这条鱼是新鲜的。→？这条鱼新鲜。　（吕叔湘，1980）

　　　　　　b. 鱼是挺新鲜的。→鱼挺新鲜。　　　　（吕叔湘，1980）

　　（5.8）a. 这本书是他前年写的。→＊这本书他前年写。

　　　　　　　　　　　　　　　　　　　　　　　　　　（吕叔湘，1980）

　　　　　　b. 这本书是他很想看的。→这本书他很想看。

　　从以上比较可见，当 X 取值为各种语法单位时，均存在符合语感和不符合语感两类情况。因而，能否去掉"是……的"并非取决于"S 是 X 的"表示"判断"或者"强调"，而是取决于 X 是否具有 Виноградов（1954、1975）提出的述谓性（предикативность），即能否独立地对主语进行陈述、描写或判断。也就是徐杰（2001）论及的是否含有"谓素"，能否将它的补充成分（动词、动词性短语、形容词、形容词性短语等等）转化为一个"谓语"，并使之跟主语发生"主谓关系"。

　　此外，还有其他从语表角度进行分类的方法，如谢福（2010）列举了"是……的"句的八个下位句式，并将 F1—F4 界定为"是……的"句（一），F5—F8 界定为"是……的"句（二）。重写如下：

　　（5.9）F1. 主语+是+状语+动词+宾语+的。如：我是坐飞机来北京的。

　　　　　　F2. 主语+是+主谓结构+的。如：这主意是谁出的？

　　　　　　F3. 是+主语+动词+的+宾语。如：是谁出的主意？

　　　　　　F4. 主语+是+动词+（宾语+重复动词）+的。如：他脸红是吹海风吹的。

F5. 主语+是+动词短语+的。如：这些道理，广大人民群众是懂得的。

F6. 主语+是+（能愿动词）+动词+的。如：这里园林的面貌是会有变化的。

F7. 主语+是+动词+可能补语+的。如：善意、恶意，不是猜想的，是可以看得出来的。

F8. 主语+是+形容词短语+的。如：猴子是很聪明的。

这里既没有指出 F1—F8 的区别，也没有指出"是……的"句（一）和"是……的"句（二）的分类标准，且下位句式之间产生了交叉，比如，其所列举的句型 F1、F4、F5、F6、F7 中"是……的"之间的成分，都可以用 F5 中的"动词短语"概括。

第三节 "S 是 X 的" 的语义结构

作为音义统一的符号系统，形式只是语言的外壳，形式和意义的结合规律是语言研究的重要课题。小句的语义结构制约着语言的生成、理解和使用。理解小句，需要在对其句法结构考察的基础上，洞察其所表达的意义。下面，我们将"释义世界"暂分为语法意义和语用意义两方面对判断性事件"S 是 X 的"的语义结构进行分析。

（一）"S 是 X 的" 的语法意义

语法意义是指根据某个成分的语法作用，而推断出的某语法单位的意义。从语法意义出发，对判断性事件"S 是 X 的"进行考察的以朱德熙（1978）、吕叔湘（1979）、杨石泉（1997）、黄伯荣和廖序东（1980/2017）等为代表。

朱德熙（1978）指出"是……的"句仍然是判断句，句中的"是"都是判断动词，后面是省略了中心语的"的"字结构做判断词"是"字宾语。例（5. 1d）"小王是昨天来的"可以表示为：

(5. 10) 小王是昨天来的人。

朱先生指出，从语义上看，"小王"和"昨天晚上来的"之间的关系和逻辑上所谓的"成素与类"的关系相当。"小王是昨天来的"可以解释为小王属于"昨天来的人"这个"类"中的"成素"。与之类似，黄伯荣和廖序东（1980/2017）认为"是"与"的"配合使用，有分类的作用；史有为（1984）认为表示强调的"是……的"句中的"是"绝不是语气副词，仍是判断词；杨石泉（1997）等延续了这种观点，认为不存在所谓"是……的"句式，所谓"是……的"句都是"的"字短语做"是"字宾语的"是"字句。

王欣（2009）运用类型逻辑语法考察了传统上称为"的"字短语（比如"新鲜的""教书的"）中的"的"、定中结构中的"的"、语气词"的"和体助词"的"的句法生成和语义解释问题，认为"的"的同一性体现在句法和语义层面，它是谓词化算子的形态标记。

上述观点统一了"是"的判断作用，把不同种类的"是……的"句统一起来，认为均为判断句，句中的"是"和"的"分别为判断动词和结构助词。不但符合语表形式上可以将其代入"S是不是X的"或"S是X的不是"等格式进行检验，而且统一了"是"的判断作用，使表里之间相互印证。

小句的构件不但包括以语音形式体现的显露在外的可见形式，还包括隐含在语表形式背后的、不可见的"隐性形式"（记作"？"）。我们虽然看不到隐性形式的存在，却能从上下文中推断出其语义内容和信息内容，它制约着语言的生成、理解和使用。也就是说，一个表述所包含的意义并不一定完全等同于语表以显性形式所呈现的内容。如果具有相同的组合关系的小句负载着不同的语法意义，则其中一定包含其他形式的载体。

"X的"的中心语采用了隐性形式"？"，而这个中心语"？"正是S和能与之类比的S′的共同属性。正是因为"小王"（S）和"小张"（S′）都具有"人"这一共同属性，所以才能进行类比。例如：

(5. 11) 小王是昨天来的（人），小张是前天来的（人）。

但不可否认的是，不同类型的判断性事件"S是X的"具有不同的语用价值，将所有判断性事件"S是X的"进行统一处理淡化了其下位类别之间的差异，忽略了各下位变体的语用价值和信息内容。

(二)"S 是 X 的"的语用意义

语用意义是指语言在运用中所传达的意义。语用意义不等于各词汇相加之后的值，而是语言传达出来的整体动态语义。从语用意义出发，对判断性事件"S 是 X 的"进行考察的以宋玉柱（1978）、赵淑华（1979）、吕叔湘（1980）、吕必松（1982）、张宝林（2006）、王欣（2009）等为代表。

宋玉柱（1978）根据"的"的词性，把"是……的"类句式分为三类，分别表示"判断""强调"① 和"过去时间"：当"是……的"结构属于判断句时，"是……的"分属于"判断词……结构助词"；当"是……的"结构属于非判断句时，分属于"副词……语气词"；当"是"字完全可以去掉而意思不变，表时作用主要是由"的"表示，"的"字该是标志时态的助词。举例如下：

> （5.12）a. 这张桌子是木头的。
>
> b. 这个字，我是认得的。
>
> c. 这样做是很正确的。
>
> （宋玉柱，1978）

赵淑华（1979）和吕叔湘（1980）等对"是……的"句进行分类在运用语表的标准外，还同时考察了其语用功能。赵淑华（1979）所分的三类的语用价值分别为：第一类句子谓语是说明主语的类别的；第二类句子的谓语要说明的重点并不是动作或情况本身，而是与动作情况有关的某一方面；第三类句子谓语对主语来说一般起解释、说明的作用。吕叔湘（1980）指出的五类"是"字句的语用价值有所不同：第一类表示领属、质料；第二、三类表示归类；第四、五类表示对主语的描写或说明，有加重的语气。

吕必松（1982）通过对比带有"是……的"结构的句子和去掉"是……的"结构后的句子，明确指出"是……的"结构在句中可以起两种不同的作用，并把"是……的"分为两类：第一类表示过去时，又分为时间、地点、方

---

① 宋玉柱（1978）区分前两类的标准是语表的，即，能否去掉"是""的"。

式、目的、条件、施事、受事等几个次类；第二类表示肯定和确信的语气。分别举例如下：

(5. 13) a. 我们是昨儿进的城。　　　　　　　（过去时，时间）

b. 你是从哪儿来的。　　　　　　　　（过去时，地点）

c. 你们是怎么去的颐和园？　　　　　（过去时，方式）

d. 我朋友是来看我的。　　　　　　　（过去时，目的）

e. 他是经过努力才取得好成绩的。　（过去时，条件）

f. 这些字（是）谁写的？　　　　　　（过去时，施事）

g. 他是买的衣服，不是买的鞋。　　（过去时，受事）

h. 他是会来的。　　　　　　　（肯定和确信的语气）

　　　　　　　　　　　　　　　　　　　　　　（吕必松，1982）

　　吕先生指出，表过去时间的"是……的"句中，动作行为发生或完成时间必须在过去，有表示时间、地点、方式等意义的词语，否定式是在"是"前加"不"；另一类"是……的"结构中，"是"的宾语是一个"的"字结构，该"的"字结构可以由名词、代词、形容词或形容词短语、动词或动词短语、主谓短语等组成，不能把这类句子和"是……的"结构看作同一类句子。"是……的"结构不应该归属于一般的"是字句"，而是一种独立特殊的句子结构。

　　李讷等（1998）从话语（表达）的角度将"是……的"句分为三类：

(5. 14) a. 是我叫住她问她一些情况的。

　　　　　　　　　　　　　　　　　（断定现实事件的责任者）

b. 我是吃饱了回来的。　　（强调现实事件的条件）

c. 你是不会走错门的。　　（对非现实事件的肯定）

　　　　　　　　　　　　　　　　　　　　　　（李讷等，1998）

　　刘月华等（1998）区别了"是+'的'字短语"与"是……的"句，以及"是……的"判断句式和强调句式的不同，认为后者"多用来表示说话人的看法、见解或态度等，谓语对主语来说一般是起解释说明作用的。"

　　张宝林（2006）也将"是……的"句分为两大类，第一类强调句子语义重点，一般用于这样的场合：动作已经在过去发生或完成，并且已经成为交际双方的共知信息，使用这个句子的目的是强调与动作有关的某一方面情况，如时间、处所、方式、工具、目的、原因、施事、受事等，而不是动作本身；第二类"是……的"句表示说话人对主语的看法，评价或说明、描述。分别举例如下：

(5.15)a.比赛是下午三点开始的。 （主语+是+状语+谓语中心语+的）

b.这件事是小王告诉我的。 （主语+是+主谓短语+的）

c.小李中午吃的是西餐。 （主语+是+述语+的+宾语）

d.脸红是冻的。 （主语+是+谓语中心语+的）

（张宝林,2006）

(5.16)a.这种情况也是存在的。 （主语+是+谓语中心语+的）

b.这本书是可以买的。 （主语+是+状语+谓语中心语+的）

c.我是写得好这篇文章的。 （主语+是+述语+可能补语+的）

d.这个问题他是应该回答了的。

（主语+是+状语+述语+可能补语+的）

e.你的心思我是理解的。 （大主语+小主语+是+谓语中心语+的）

f.他这样做是合情合理的。 （主语+是+谓语中心语+的）

（张宝林,2006）

王欣（2009）运用类型逻辑语法考察了"是"的句法生成和语义解释问题，"是"的同一性体现在语用层面，它是一个显性声言算子 ASSERT，作用于一个命题，得到说话者要说的一句话，也就是要做的一个声言、断言（Assertion）。这里所谓的"声言"也就是"是认"，表示肯定的判断。

总结上述学者所列举的"S 是 X 的"的语用价值，大致有以下几类：

①表判断；

②说明主语类别；

③表说话人对主语的看法；

④对主语进行描写、解释或说明；

⑤表肯定确信的语气；

⑥表强调；

⑦领属、质料;

⑧性质、状态;

⑨说明现实事件的条件,即与动作情况有关的某方面;

⑩表过去时;

⑪肯定非现实事件;

……

但是,根据前面的分析和前贤的研究成果可以得出:第一,所有"S是X 的"中的"是"首先均是作为判断动词出现的;第二,主语S表示的是"X 的"中的一个成素(朱德熙,1978等);第三,判断本身就是主观的,表达说 话者对某事物"是认"或"否认"的看法;第四,谓语对主语加以陈述,说明 主语怎样或者是什么,这是主谓之间的基本关系,对主语的描写、解释或说明, 是谓语的基本功能。

此外,"是"和"的"本身有肯定和确信的意义(朱德熙,1966;吕必松, 1982等)。句中的判断动词"是"保证了全句的判断功能,同时,语气词 "的"保证了对判断信息的确认。因而,⑤表示肯定、确信的语气也是所有"S 是X的"的类特征。对于"S是X的"来说,判断词"是"是句子自带的同级 确认,而语气词"的"表达确认的语气,是把整个命题作为新内容进行确认。 正是有了句中"是"和句尾"的"的双重肯定和确认,使汉语使用者感到"S 是X的"具有强调功能,并称之为"强调句"。

⑥"表强调"是"S是X的"的语用价值之一,这是很多学者的共识(齐 沪扬、张秋航,2005)。但是王光全(2003)指出"强调"是跟"非强调"相 对应的,而有些"S是X的"是"某些情况下的强制格式"。例如,在表达 "你(是)怎么开门的"等意思时,不能换用为其他格式,因而否定"强 调"说。

"是"除了一般读法,可以拉长语音(用上标的短横线"-"表示),可描 写为"S是⁻X的"。例如:

(5.17) a. 小王是⁻昨天来的。

　　　 b. 这本书是⁻弟弟的。

如果恢复重读"是ˉ"所表达的语义，那么必须在判断动词"是"之前加上表示确认的副词"是"，分别表示为"是$_1$"和"是$_2$"。例（5.18）可以改写为：

（5.18）a. 这本书是ˉ弟弟的。→这本书是$_1$是$_2$弟弟的。

（是$_1$=的确）

b. 小王是ˉ昨天来的。→小王是$_1$是$_2$昨天来的。

（是$_1$=的确）

表示确认的副词"是$_1$"和判断动词"是$_2$"同时表示了判断和确认，具有"一而再，再而三"的肯定、确认的"强调"功能，因而"强调"的一个重要原因是一再的肯定和确认（屠爱萍，2013b）。

上述①—⑥恰好分别说明了上述学者所列举的语用价值中，这六点是所有"S是X的"的类特征，不是下位的个体特征，而⑦—⑪则是"S是X的"下位的个体特征。

⑦中的X一般是名词性的。"领属"和"质料"就将其中X限定在"谁"和"什么材料"两个语义范围内，而这只是X语义取值范围中很小的一个部分。当X取值为名词性成分的时候，还可以表示颜色、时间、处所等。例如：

（5.19）a. 这件大衣是绿色的。

b. 他是（19）35年的。

c. 这大枣是新疆的。

⑧中的X一般是形容词性的。X取值为形容词性时，具有表示事物的性质、状态的作用。例如：

（5.20）a. 鱼是挺新鲜的。　　　　　　（吕叔湘，1980）

b. 这样做是合情合理的。　　　（陆俭明，1980）

而⑨—⑪则一般涉及动词。⑨明确指出了是与动作情况有关的某方面，说明其中至少包含两个部分：动词及与动作情况相关的方面。还有学者明确指出了与动作情况有关的某方面包括"时间、处所、方式、工具、目的、原因等"（吕必松，1982；张宝林，2006）。例如：

(5.21) a. 那倒不用告诉，妈自然会问的。 （石毓智，2000）

b. 张三是明年去美国的，我是后年去的。

（王 欣，2009）

c. 韩劲是会对你好一辈子的。 （李讷等，1998）

d. 今天系里全体老师分两拨活动，一拨在中心剧场看电影，一拨去爬笔架山。我是在中心剧场看电影的，不需要换登山鞋。

（龙海平，2012）

⑩中"过去时"也必须是和动词联系的，其中 X 取值为含有动词的成分。而"未然"就是⑪对非现实事件的肯定。当 X 取值为动词性成分的时候，除了对"已然""未然"的事态进行判断，还可以表示对"保持性"的事态进行判断，表示状态、用途、来源等。例如：

(5.22) a. 我是教书的。 （吕叔湘，1980）

b. 他是知道的。 （邢福义，1981）

c. 这个灯笼是一直挂着的。

d. 冰箱里的东西是吃的。

从以上的分析可见，下位特征都是从属于判断性事件"S 是 X 的"的类特征的，是从某个角度对判断、描写、解释、说明、分类、肯定、确认等类特征的细化。从释义世界的角度观察，还应该揭示语义真值相同的各"句位变体"的异同。这一点我们在第七章具体分析，此处不赘。

第四节 "S 是 X 的"的信息结构

从信息世界进行观察，语表的组合形式为"S 是 X 的"判断性事件所传递的"信息值"却不同。"信息传递"属于语法研究的范畴，指的是语法结构所传递的信息。因而，对判断性事件"S 是 X 的"的研究必须延伸到信息传递的层面，将其还原为对话，研究其所传递的信息内容。

"是……的"句中，"是"能够出现的位置具有浮动性（黄正德，1988），"是"所判断的对象句法结构相同，表达意义相同，但是所传递的信息却可以不同。可见，对"是……的"句的研究必须延伸到信息传递的层面，将小句还原为对话，研究其所传递的信息内容。

侧重从信息结构角度考察"是"的学者一般认为除普通的判断动词外另有一个"是"，这个"是"要放在谓词性成分之前不重读，但紧接其后的成分是焦点必须重读；从功能上看是一个焦点算子（Focus Operator），如 Teng（1979）、Huang（1982）等，或称之为焦点标记（Focus Marker），如 Vinet（1994）、张伯江和方梅（1996）、徐杰（2001）等。

Teng（1979）指出"是"在汉语的分裂句（Cleft sentences）中，"是"可以做焦点标记，引导信息焦点，如（5.23a）；但是在假分裂句（Pseudo-cleft sentences）中，"是"所引导的并不是焦点成分，如（5.23b）。

（5.23）a. 是我在公园里找到你的狗的。

b. 我在公园里找到的是你的狗。

(Teng, 1979)

刘丹青、徐烈炯（1998）认为它的作用一方面是"预示该成分即话题后必有更重要的信息即述题出现，提请听话人注意"，另一方面就是"引进话题，所谓引进，不一定是引进全新的信息，而主要是让被间接激活（相关激活或情景激活）的信息充当话题。"

袁毓林（2003b）指出，"是……的"结构不但可以标记窄焦点，还可以标记广焦点，"的"的前移是焦点范围的缩小。比如，"他昨天来了"属于事件句，加上句尾"的"构成"他是昨天来的"，属于事态句，"的"是事态句解除宾语焦点地位的显著标志[①]。

王文颖（2018）肯定了"是……的"句中具有宽窄两类焦点的观点，宽焦点为"是……的"中间的整个谓语部分，窄焦点也叫排他焦点，限于"是"之后的某单个成分，并用五种测试手段对宽窄焦点进行了验证。张和友（2006）

[①]　与本书界定的"事件"不同，袁毓林（2003b）所谓的"事件句"（event sentences）是指"由动词性成分充当谓语核心的句子"，而"事态句"（state-of-affairs sentences）是"带句尾'的'的句子。"

主要从语义焦点的角度进行分析，认为该句式具有高层断定性，带有动态句和静态句的双重属性，其焦点算子是"是……的"结构，用以突显句子中某一成分，使其成为句子的焦点。这种句子可以用"已然预设事件——焦点属性特征"来刻画，可以断定底层事件具有某种属性特征（时间、地点、方式等），也可以对事件主体的归属类进行断定。

与上述所论的"宽焦点"不同，Cheng（2008）、Paul 和 Whitman（2008）所指的"宽焦点"存在于"是"字位于句首的无主"是"字句，或称为"命题断言句"（Paul 和 Whitman，2008），句子结构为"是+SX（的）"，"是"所标记的是除"是"之外的"SX（的）"，句首"是"所标记的整个命题则为该句的"宽焦点"。Hole（2011）认为，"命题断言句"① 中存在"真值焦点"确认的是整个命题，"是"本身就是焦点。与"是"字句类似，当"是"重读的时候，"是……的"句判断并确认的是整个命题，焦点"是"为"真值焦点"。

就其词类而言，Teng（1979）认为它是一个副词，而石毓智和徐杰（2001）通过跨语言的考察指出，"判断系词会自然地向焦点标记演化"；与这些观点不同，黄正德（1988）认为它不是纯粹的焦点标记词而是助动词，张伯江和方梅（1996）认为它是一个语助词，只起标记焦点的语法功能；徐杰（2001）曾明确指出"是"是个焦点标记词之外，在词性上仍是个动词，"把它当焦点标记词使用的同时，还要保证它能够遵循动词的规则"；屠爱萍（2013a、2013b）通过句式转换、语言调查等方式，证实了"S 是 X 的"中的"是"均具有动词的特征，只是该词在表达其具体词汇意义的同时，在信息传递的动态过程中，具有标记焦点的功能。

"传息语法"（萧国政，1991、2001）认为信息有新旧之分，在问答链中体现为"话题—述题"结构，或称"话题结构"或"题述结构"。信息结构是语言的动态结构，是独立于语法关系结构（或称语法结构）、语义结构之外的语言结构和语法范畴。语言所包含的新信息可以用问答链来分解和提取。一个句子中可以只有一个新信息，也可以有多个新信息。其息序（所传递的多个信息

---

① 从 Hole（2011）中的例句"她［是］F 在吃饭"可以看出，Hole（2011）所谓的"命题断言句"是指"是"重读的"是"字句，并不要求"是"位于句首，与 Cheng（2008）、Paul 和 Whitman（2008）所论的"是"字位于句首的"命题断言句"所指不同。

的顺序）总的情况是依据"主（语）前，动（词）中，宾（语）后"的息序主线和"核（成分）前、层（成分）后"息序副线。息序在最后的新信息就是信息焦点，即"息焦"。下面我们从"息构"（信息结构）和"息焦"（信息焦点）两方面对判断性事件"S是X的"进行信息透视。

所有判断性事件"S是X的"，还原为对话均能回答"S有何属性、属于哪个类别"即"谁""什么样的"或"怎（么）样的"等问题，这是其包含第一层信息，也就是"广焦点"。例如：

(5. 24) a. 这本书是谁的？——这本书是弟弟的。

(赵淑华，1978)

b. 这样做怎么样？——这样做是很正确的。

(宋玉柱，1978)

c. "那"的来源是什么？——那是他说的。

(Chao，1968)

d. 小王是谁/哪一位？——小王是昨天来的。

(朱德熙，1978)

例（5. 24a）中的X"弟弟"整体说明S"这本书"的领有者，(5. 24b)中的X"很正确"整体说明S"这样做"的属性，(5. 24c)中的X整体"他说"说明S"那"的来源，(5. 24d)中的X"昨天来"整体说明S"小王"的属性。

(5. 24d)除了能答"S有何属性、属于哪个类别"，还能回答的问题是"V有什么特征"，即"什么时候V的""什么地方V的""怎么V的""怎么样V的"等。值得注意的是，这里的动词V是一个旧信息，也就是说，在说话者在说"S是VP的"的时候已经知道了X中V所表示的动作行为已经完结或某种状态已经达成。还原成对话，(5. 24d)所回答的是"V有什么特征"，而不是"S有何属性、属于哪个类别"。我们仍以"小王是昨天来的"的信息结构为例，可以用以下的问答链来提取：

(5. 25) 问：小王是——？

答：小王是来（这儿）的（人）。

问：什么时候来的？

答：昨天。

这里包含了两个新信息："来"和"昨天"。但这两个新信息不在一个层次上，它们之间有表达的先后次序之分，这种新信息进入表达所呈现出来的顺序，即传息语法所说的"息序"。它不是词语在表达中所呈现的语形上的先后顺序，而是在问答链中由话轮体现的先后次序。如果想问"小王"（S）的特性，则应该回答"小王是来（这儿）的（人）"，其中"小王来"是已然的旧信息。当进一步进行追问"什么时候（V）"时，才会用（5.24d）回答，其中的"昨天"才是传递的新信息。也就是说，主语 S 的特性"已经 V"是已知的，而 V 所表达的事态特征不详。因而，在这种该类"S 是 X 的"主要突显的信息不再是判断和确认 S 某方面的特性，而是 V 在时间、地点、原因、方式等方面的特征。同理，我们以息序主线来确定，"小王是昨天来的"中的"昨天来的"就是息序位于最后的新信息。按照息序副线来确定，"昨天来的"中的核成分是"的"，层成分是"昨天来"；"昨天来"中的核成分是"来"，层成分是"昨天"，也就是信息焦点。

这个结论与以 Teng（1979）、张伯江和方梅（1996）、Huang（1982）、石毓智和徐杰（2001）、袁毓林（2003b）等为代表从确认信息焦点的角度对该类事件进行考察的观点相同："是"为"焦点算子"或"焦点标记"，而焦点是与"是"相毗邻的成分。

第五节　本章小结

研究语言，应该从可见的组形语法入手，揭示隐藏在语表可见形式之后的隐性形式，使语表形式、语法意义和语用语义相互印证，同时，要达到对语言的真正理解，还要揭示其所传递的信息。

对小句的解读不但要观察其显露在外的句法结构，也要洞察其隐含其中的语义结构和信息结构，三者一方面各自独立，另一方面又相互联系、相互制约、相互对应，它们都是理解和研究小句的重要观测点，共同决定小句的性质（屠爱萍，2021）。

句法结构是语义和信息的载体，而深入理解小句，必须对小句的语义结构和信息结构进行立体的分析，这才是决定小句性质的关键所在。研究小句，首先应该从可见的句法结构入手，分析构件的形式类别、隐显形式等，进而关注句子的显性意义和隐性意义、整体意义与下位小类意义等，揭示其句法和语义的相关性。但是，达到对小句的真正理解，还要关注句子的信息结构、信息焦点等，揭示小句的信息结构与句法结构和语义结构之间的对应关系。

关于"是……的"句的研究，句法结构分析，不仅要分析其中各构件的属性，也要分析其显性形式和隐性形式的关系；语义结构分析，不仅要分析所有"是……的"句的共同语义，也要分析各类"是……的"句的个体语义特征，并揭示句法结构和语义结构的对应性；信息结构分析，要分析其宽焦点和某类"是……的"句的窄焦点，并揭示其与句法结构、语义结构的对应性。基于以上从多角度对"是……的"句的分析，可将其句法结构、语义结构和信息结构的对应关系列表如下（表5-1）：

表5-1 从语法研究的三个世界对"S是X的"的综合观察

		名词性成分	形容词性成分	其他	[+偏正]	其他
组形世界	句法结构层次	X含［+述谓性］特征，可以去掉"是……的"				
	X的取值	X为非动词性成分			X为动词性成分	
		名词性成分	形容词性成分	其他	［+偏正］	其他
释义世界	共同意义	①表判断；②表肯定确信的语气；③表说话人对主语的看法；④说明主语类别；⑤对主语进行描写、解释或说明				
		⑥表强调＝一再地肯定、确认： A."S是₁X的₁+的₂"；B."S是₁+是₂X的₁+的₂"				
	个别意义	⑦领属、质料等	⑧性质、状态等	……	⑨说明与动作情况有关的某方面 ⑩表过去时 ⑪肯定非现实的事件	……
传息世界	真值焦点	对整个命题的判断和确认（"是"重读）				
	宽焦点	对S的属性的解释说明				
	窄焦点			……	对V表示的事态特征的解释说明（突显焦点=⑥表强调）	……

第六章 "S是X的"的隐显形式及其再分类

关于判断性事件"S是X的"的下位类别，在学界一直争议不断，或认为均为表判断，或认为可分为表判断和表强调两种，或认为可以做更详细的划分等，但是"S是X的"传递的信息是不同的。先看例句：

(6.1) a. 张三是北京的。 （Ⅰ型）
　　　 b. 张三是健康的。 （Ⅱ型）
　　　 c. 张三是我们请的。 （Ⅲ型）
　　　 d. 张三是1995年出生的。 （Ⅳ型）

为了方便叙述，暂时将以上X分别取值为体词性成分、形容词性成分、主谓成分和动词性成分的判断性事件"S是X的"分为"Ⅰ—Ⅳ"四种类型。我们认为，语表的组合形式不但包括以语音、语形等体现的显性形式，还包括以非语音、语形等体现的隐性形式（记作"Ø"）。[①]"隐性形式"有语义和信息内容，但是没有语音、语形等语表形式。有些隐性形式不依附于同音同形的显性形式，它们共同决定语言的性质。"S是X的"中，"是""的"和其中的变项"X"，都是决定其性质的集结点（屠爱萍，2013a）。

[①] 本书所援用的概念"隐性形式"是相对于"显性形式"来说的，是指语言形式之间不能在一个句子的表层结构观察到、而只有在句子中的相互关系中才能呈现的范畴。隐性形式有可替换性和转换对等性。

第一节 "是"的性质

文献中关于判断性事件"S 是 X 的"中的"是"的争议主要涉及其两种性质：表判断的动词和表确认的副词。下面我们结合例句观察四类"S 是 X 的"中的"是"。

关于各类"S 是 X 的"中的"是"，以朱德熙（1978）、吕叔湘（1979）、史有为（1984）、杨石泉（1987）等为代表的学者认为其具有统一性，均为判断动词。范晓（1998）还列举了认定"是"为动词性的五点理由：能接受副词修饰限制、能带宾语、可跟助动词结合、能用肯定和否定相叠的形式发问、可以单独回答问题等。

为检验"S 是 X 的"中的"是"是否为动词，我们首先将验证其中"是"能否进入"V 不 V"形式的正反问，结果表明，不仅被公认为表示判断的 I 型"S 是 X 的"可以进入，而且一般被认为是表示强调的 II—IV 型"S 是 X 的"也能进入该格式。例如：

(6. 2) a. 张三是不是北京的？

　　　　b. 张三是不是健康的？

　　　　c. 张三是不是我们请的？

　　　　d. 张三是不是 1995 年出生的？

(6. 3) a. 张三是北京的不是？

　　　　b. 张三是健康的不是？

　　　　c. 张三是我们请的不是？

　　　　d. 张三是 1995 年出生的不是？

再以副词和助动词进行验证，II—IV 型"S 是 X 的"均能被副词修饰，并能和助动词结合。例如：

(6. 4) a. 张三的确是北京的。

　　　　b. 张三的确是健康的。

  c. 张三的确是我们请的。

  d. 张三的确是 1995 年出生的。

(6. 5) a. 张三应该是北京的。

  b. 张三应该是健康的。

  c. 张三应该是我们请的。

  d. 张三应该是 1995 年出生的。

  能够同时以"V 不 V"形式进入正反问，被副词修饰，并和助动词结合的语言事实表明，Ⅱ—Ⅳ型"S 是 X 的"中的"是"与 I 型"S 是 X 的"一样，是判断动词。同时，我们还可以将判断的焦点置于句末，将Ⅳ型"S 是 X 的"转换为突显时间焦点的判断性事件。例如：

(6. 6) a. 张三是 1995 年出生的。

  b. 张三出生（的时间）是 1995 年。

  可以看出，这四类"S 是 X 的"中的"是"，首先都是作为判断动词出现的，是判断的标记，判断性事件的句法支点。与判断性事件"S 是 X"一样，"S 是 X 的"中"是"同样可以处理为提升动词，选择其前成分和后成分作为补足语。如（6. 1）中，提升动词"是"的补足语分别为：

(6. 7) a. 张三北京的。

  b. 张三健康的。

  c. 张三我们请的。

  d. 张三 1995 年出生的。

  另外，在现代汉语中，有些语言形式的轻重音模式和意义之间呈现出一种不对等的关系，Chao（1968）称之为"扭曲关系"（Skewed Relation）。例如，例（6. 8）和（6. 9）中的 a 句都可以有 b 和 c 两种解读：

(6. 8) a. "要走了。"

  b. 想走了，"要"是助动词。   （重读或轻读）

  c. 索取并拿走了，"要"是主要动词。   （重读）

(6. 9) a. "你也不是外人，我都告诉你。"

　　b. "也"表示"同样"，实义。　　　　　　（重读或轻读）

　　c. "也"表示委婉语气，虚义。　　　　　　　　（轻读）

　　关于重读和轻读，沈家煊（2002）从语法化的角度进行了解释，认为语法化演变中形式和意义的演变通常是平行的，意义越虚，形式也就变得越小越简单。但形式的演变和意义的演变之间也存在着不对称，具体说有两条规律："形变滞后"和"意义滞后"。

　　"形变滞后"是指形式的变化滞后于意义的变化。一个形式 F_1 的意义 M_1 已经变成 M_2，但至少在某段时间，形式仍是 F_1 而没有变为 F_2。因此，在这段时间内，F_1 既表示 M_1 又表示 M_2；这就是在共时平面上造成前一类扭曲关系。比如主要动词"要"虽然在意义上已经虚化为助动词，但重读形式仍可暂时保持不变。

　　"意义滞后"是指变化后的形式仍然保持原来的意义。一个形式已经由 F_1 变为 F_2（因为其意义已由 M_1 变为 M_2），但至少在某段时间内或者在一定的格式里，F_2 仍然保持意义 M_1 的一部分或全部，因此，F_2 既表示 M_2 又表示 M_1，这就是在共时平面上造成后一类扭曲关系。比如表实在意义的副词"也"虚化为表委婉语气的"也"后只能轻读，但仍可保持"同样"这一实义。这两条语法化规律正是在共时平面上造成形义间两类扭曲关系的原因。

　　判断性事件中也有一部分在表达肯定同时，将"是"重读，表明了这种判断的确定性。判断性事件中的"是"在重读和轻读时也会呈现不对等的扭曲关系，如吕叔湘（1980）、朱德熙（1982）、李健（1987）等认为"是"重读时，不能省略。例如：

　　（6.10）a. 昨天是冷，一点不假。　　　　　（吕叔湘，1980）

　　　　　　b. 他手艺是高明，做出来的东西就是不一样。

　　　　　　　　　　　　　　　　　　　　　　（吕叔湘，1980）

　　　　　　c. 我们的战士是很英勇。　　　　　（吕叔湘，1980）

　　　　　　d. 这孩子是聪明。　　　　　　　　（李　健，1987）

　　　　　　e. 屋里是窄，一点不假。　　　　　（李　健，1987）

　　（6.11）a. 没错儿，他是走了。　　　　　　（吕叔湘，1980）

       b. 我是‾不知道。   （朱德熙，1982）

       c. 他是‾去接人。   （朱德熙，1982）

       d. 我们的老师是‾有办法。   （李　健，1987）

    同样，这里的"是"既可以被还原为"的确、实在"，也可以被还原为"的确是、实在是"：

    （6. 12）a. 昨天的确冷，一点不假。

           b. 他手艺的确高明，做出来的东西就是不一样。

           c. 我们的战士的确很英勇。

           d. 没错儿，他的确走了。

    （6. 13）a. 昨天的确是冷，一点不假。

           b. 他手艺的确是高明，做出来的东西就是不一样。

           c. 我们的战士的确是很英勇。

           d. 没错儿，他的确是走了。

    再如，以下例子中的"是"可以重读为"是‾"，表示"的确""确实"等。例如：

    （6. 14）a. 张三是‾说过这些话。

           b. 张三的确说过这些话。

           c. 张三是‾向我保证过。

           d. 张三的确向我保证过。

    但是，当将其转换为语义真值相同的"S 是 X 的"时，再以"的确""确实"等替换重读的"是‾"，可接受性就降低了。为了考察其可接受性①，我们进行了语言调查。结果表明，50 位接受调查的普通话使用者语感不同（详细结果见各例后的说明）：

---

    ① 这里只考虑了可接受性的问题，至于可接受度强弱的原因，我们将进一步考察，限于篇幅，本书不议。笔者调查了 50 位不同年龄（年龄跨度为 15—70）、性别（包括男、女）、来自不同地域（包括新疆、甘肃、山西、黑龙江、吉林、辽宁、北京、河北、河南、安徽、云南、贵州、四川、湖北、湖南、江西、江苏、浙江、上海、广西、广东、海南等地）和方言区（包含了所有七大方言区）的普通话使用者，具体到每个被试的情况此处不一一赘述。

(6. 15) a. 张三是⁻说过这些话的。

b. 张三的确说过这些话的。 (37 位觉得不合法)

c. 张三是⁻向我保证过的。

d. 张三的确向我保证过的。 (31 位觉得不合法)

同理，以"的确""确实"等替换例（6. 1）中的"是⁻"，也不同程度地存在可接受性的问题。例如：

(6. 16) a.? 张三的确北京的。 (39 位觉得不合法)

b.? 张三的确健康的。 (42 位觉得不合法)

c.? 张三的确我们请的。 (37 位觉得不合法)

d.? 张三的确 1995 年出生的。 (36 位觉得不合法)

而将"是⁻"替换为"的确是"，50 位被调查者都觉得是符合语法的。因而，在考察上可接受性的同时，我们还考察了对"是⁻"的理解，50 位被调查者中有 47 位将其还原为"确实是"，3 位将其还原为确认副词"确实"或"是₂"，没有人将其还原为判断动词"是₁"。也就是说要恢复重读的"是⁻"所表达的语义，可接受性最高的就是在表示确认的副词"的确"或"的确"等之后加上判断动词"是₁"，表示"的确是"。重写如下：

(6. 17) a. 张三是⁻北京的。 ↔张三的确是北京的。

b. 张三是⁻健康的。 ↔张三的确是健康的。

c. 张三是⁻我们请的。 ↔张三的确是我们请的。

d. 张三是⁻1995 年出生的。

↔张三的确是 1995 年出生的。

可见，"是"在重读和非重读（为副词和连系动词）的情况下，均表示主观的断定，在判断性事件的研究中可以将两者统一起来，只是当其重读的时候，肯定的程度加强，增加了确定的意味。

第二节 "的"的性质

前贤们关于"S 是 X 的"中"的"的争论共涉及其三种属性：结构助词、语气助词和时体助词。吕叔湘（1944）、宋玉柱（1978）、邢福义（1981）、黄伯荣和廖序东（1980/2017）和熊仲儒（2007）等都认为是语气词；赵淑华（1979）认为无论放在动词的后边还是用在句尾，都是动态助词；马学良、史有为（1982）则认为是时体助词，Simpson & Wu（1999）认为与过去时相联系；司富珍（2004）认为"的"作为一个标句词，可以处于句子结构最高一层的中心语位置。同时，还存在两者"难以区分"（朱德熙，1966；Cheng，2008）或具有"同一性"（邢福义，1981；徐阳春，2002；木村英树，2003；袁毓林，2003b；陆丙甫，2003）等说法。

朱德熙（1966）指出"语气词'的'和'的 3'的界限实在不容易划清楚"；Cheng（2008）也指出句尾"的"紧邻动词，导致表示过去时的"的"和表示确定的"的"难以区分。

也有些学者认为强调句末"的"与判断句末"的"的性质是统一的。例如，邢福义（1981）在指出"他是愿意帮忙的"这一类句子重在强调的同时，也指出了其表示"强调"和"分类"两种可能性都有，也就是说，"的"可能具有结构助词属性，也可能具有语气助词属性；徐阳春（2002）和木村英树（2003）都认为定语结构中的"的"、动词后面有过去意义的"的"以及句末语气性的"的"，都是同一个"的"；袁毓林（2003b）运用焦点理论和非单调逻辑探讨了这一问题，并从句法功能、语用功能、语义功能三个角度解释了人们对"的"的认识，通过分析"事态句"，即包含句尾"的"的"是……的"句，在语义结构上的特点，揭示了句尾"的"的功能，从句法上说是名词化、语义上说是自指，语用上说是表示确认语气。进而语义指称类型上讨论了句尾"的"和名词化标记"的"的异同，并在此基础上指出，文献所谓的转指标记、自指标记和传信标记的"的"均具有相关性和一致性。陆丙甫（2003）也承认"的"字的各种用法具有同一性，并指出"的"的语气性和时态性也可能从描写性推导出来。

可见，前贤们或认为表判断和表强调两类"S是X的"中"的"的属性不同，而忽视了它们具有某种同一性，或指出其同一性，但并未指出其位于不同下位类别时的不同属性。下面我们具体分析"的"的三种属性与四类"S是X的"之间的关系。

（一）关于结构助词"的₁"

结构助词"的₁"一般位于定语和中心语之间，但是，当中心语采用了隐性形式时，结构助词"的"也可以位于短语或句子的末尾，以"X的"的显性形式表达"X的Y"的内容。因而I型"S是X的"中"X的"是作为一个整体入句的，句末"的"首先作为结构助词出现，具有分类的作用。"X的₁"的中心语Y采用了隐性形式，即"Y=Ø"，而隐性的中心语Y正是S和能与之类比的S′的共同属性。例如：

(6.18) 张三是北京的₁人，李四是上海的₁人。

正是因为"张三"(S)和"李四"(S′)都具有"人"(Y)这一共同属性，所以才能进行类比。同理，II—IV型"S是X的"也具有分类的作用，也能指明主语属于哪个类别，朱德熙先生认为像"小王第一个跳下水去的"这类判断句也属于体词谓语句，"的"并不表示判断语气，是名词化标记，其功能是使谓词成分名词化（即自指和转指），"第一个跳下水去的"中"的"转指"第一个跳下水去"的施事者。另如：

(6.19) a. 张三是健康的₁人，李四是虚弱的₁人。

b. 张三是我们请的₁人，李四是你们请的₁人。

c. 张三是1995年出生的₁人，李四是2003年出生的₁人。

所以，II—IV型"S是X的"中的"X的"也是作为整体入句的，表明"张三"是"1995年出生的人"里的一个成素（朱德熙，1978），"转指VP中所缺位的论元成分"（袁毓林，2003b），起到名词性短语的作用，句末"的"也具有结构助词的属性。

（二）关于语气助词"的₂"

语气助词"的₂"位于句末，具有加重语气的作用，不隶属于某个词或者短语，而属于整个句子，是对整个命题的肯定和确认。李讷等（1998）从话语角度证实"的"是一个"广义的、带有情态作用的语法成分，它最本质的特点在于表示主观的确认态度"。袁毓林（2003b）认为，"句尾'的'的句法功能是名词化、语义功能是自指、语用功能是表示确认语气"。张军（2005）认为句尾语气词"的"是表确定判断的助词，既可以用于表示"是认"，也可以用于表示"否认"，其表达功能是表明说话人所做的"是认"或"否认"判断的确定性程度很高。例如：

> （6.20）a. 我是在路上遇见他们的。
>
> 　　　　b. 我可不是图你什么才和你结婚的。
>
> 　　　　　　　　　　　　　　　　　　　　（李讷等，1998）

语气助词"的₂"的存在不是出于结构上的需要，而是出于语言所要表达的某种语气的需要，所以省去后的表达的基本意义不变，只是肯定和确认的信息相应减弱。如果将Ⅰ型"S 是 X 的"末尾的"的"删去，那么句子就不再成立。例如：

> （6.21）*张三是北京。

由此可以断定Ⅰ型"S 是 X 的"末尾的"的"不是语气助词，或者至少可以说不只是语气助词。与检验Ⅰ型"S 是 X 的"末尾"的"的性质一样，我们删除Ⅱ—Ⅳ型"S 是 X 的"末尾"的"：

> （6.22）a. 张三是健康（，李四是羸弱）①。
>
> 　　　　b. 张三是我们请（，李四是你们请）。
>
> 　　　　c. 张三是 1995 年出生（，李四是 1998 年出生）。

---

① 当"是"为确认副词的时候，这个句子是成立的，但是和非重读时的"张三是健康的"不等值。

　　显然，语表形式为"S是X"的例（6.22）是成立的，且基本意义不变，只是其传达的确认信息较语表形式为"S是X的"的例（6.1）相应减弱，因而II—IV型"S是X的"末尾"的"除了与I型"S是X的"末尾"的"一样具有结构助词"的$_1$"的属性，还同时具有语气助词"的$_2$"的属性。"的$_1$"和"的$_2$"不但同音、同形，而且同处于句尾，因而具备了扣合的"语表形式相同"和"句法位置相连"两个重要条件，发生了扣合。即"S是X的"中，"的"为"的$_1$"和"的$_2$"的扣合。

　　值得注意的是，判断动词"是"和语气助词"的$_2$"虽然都表示肯定，但不在一个层次上：判断动词"是"是句子自带的同级判断，而语气助词"的$_2$"是把"S是X的$_1$"作为新信息进行再次确认。所以，II—IV型"S是X的"的结构层次应该表示为：（S是X的$_1$）+的$_2$。

　　杨石泉（1997）指出，"是……的"句比一般"是"字句更富于肯定、强调的意味。这是因为"S是X的"同时有判断动词"是"和语气助词"的$_2$"进行双重肯定和确认，判断动词"是"使之具有了判断功能，而语气助词"的$_2$"在语法上保证了对判断信息的确认功能，将判断和确认两种语法功能合而为一，判断和确认的表达效果得到综合实现，这种一再的肯定使汉语使用者觉得具有"强调"功能，为强调句。

　　而当补出"X的"的中心语"Y"时，虽然结构助词"的$_1$"与语气助词"的$_2$"同音、同形，具备了"语表形式相同"的条件，但因为语气助词属于整个句子，必须置于句末，因而缺少了"句法位置相连"的句法结构基础，不能与结构助词"的$_1$"相扣合。

（三）关于时体助词"的$_3$"

　　时体助词"的$_3$"依附于动词，位于动词后，表示已然，即动作行为已经完结或某种状态已经达成。但I型"S是X的"和II型"S是X的"都是表示判断的状态句，判断的对象是一种具有"保持性"（holding）的状态（Parsons，1990），不具有"已然性"。这表明，I型"S是X的"和II型"S是X的"末尾的"的"均不是能表示"已然"的时体助词。

关于Ⅲ型"S 是 X 的"和Ⅳ型"S 是 X 的",一直不乏针对句末"的"是否为时体助词的讨论,宋玉柱(1978)、马学良和史有为(1982)、赵淑华(1979)、史有为(1984)、Simpson & Wu(1999)、张谊生(2002)、王光全(2003)等均证实了"的"和过去时、完成体、已然等相联系。我们认同这种观点,认为与去掉"的"的"S 是 X"相比,"S 是 X 的"还包含了另一个信息:已然。最简单明了的证明方法,就是史有为(1984)的比较法。我们将明确表达过去时间的"2002"改为不确定的时间"什么时候":

(6.23) a. 这孩子是什么时候出生的?

　　　　b. 这孩子是什么时候出生?

其中,例(6.23b)正是因为缺少了例(6.23a)句末的"的",就不能表示已然。可见,Ⅲ型和Ⅳ型"S 是 X 的"末尾的"的"是结构助词"的$_1$"、语气助词"的$_2$"和时体助词"的$_3$"三者的扣合,即 S 是 X 的(的 = 的$_3$+的$_1$+的$_2$)。

关于"的"具有时体助词的属性,也有不少学者提出过质疑,如石毓智(2000)、王欣(2009)、龙海平(2012)等就曾列出反例:

(6.24) a. 那倒不用告诉,妈自然会问的。　(石毓智,2000)

　　　　b. 张三是明年去美国的,我是后年去的。

　　　　　　　　　　　　　　　　　　　　　(王　欣,2009)

　　　　c. 今天系里全体老师分两拨活动,一拨在中心剧场看电影,一拨去爬笔架山。我是在中心剧场看电影的,不需要换登山鞋。

　　　　　　　　　　　　　　　　　　　　　(龙海平,2012)

需要指出的是,争论双方用例的语义内容是不同的。袁毓林(2003b)指出的一个"明显的事实":不包含"会/要""着"等时体标记的"事态句"均表"已然"。(6.24a)中的"会",(6.24b)中的"明年""后年"均和表示"已然"的时体助词"的$_3$"不相容。龙海平(2012)举出(6.24c)提供了语境,是为了证实"我是在中心剧场看电影的"可以不表"已然"。但不可否认的是,单句"我是在中心剧场看电影的"表示的仍然是"已然"的事件。

因而，这里涉及扣合的第三个重要条件——语里意义相容。不仅扣合成分之间，而且扣合成分与句中其他成分之间的语里意义都必须相容。当句中含有"会/要""着"或其他与"已然义"相冲突的词语时，表"已然义"的时体助词"的$_3$"便缺少了存在、并与结构助词"的$_1$"和语气助词"的$_2$"扣合的语义基础。

"扣合说"与"难以区分说"和"同一说"的区别在于："难以区分说"和"同一说"均认为句末"的"只有一个，是一词有多用；而我们的"扣合说"认为多词共一形。当进行更加细致的分析，如进行直接成分分析（Immediate Constituent Analysis）或形式句法分析等时，"扣合说"可以将语表一个语法形式还原为既同音同形又有不同作用的两个或更多语法单位，如"他是昨天来的"中扣合的"的"就可以还原为"的$_3$""的$_1$""的$_2$"。

第三节　X 的取值及"S 是 X 的"的再分类

与对"S 是 X 的"中"是"和"的"的争论相比，对 X 的讨论显得格外冷清。下面我们对 X 取值为体词性成分、形容词性成分、主谓短语和动词性成分分别进行考察。

（一）X 取值为体词性成分

我们先将取值为体词性成分的 X 代入"S 是 X 的"。例如：

(6.25) a. 宿舍是我们大家的。
b. 这个桌子是木头的。
c. 这些工资是一整年的。

还原为对话，该类事件回答的都是"S 有何属性"，即"谁的""什么样的"或"怎（么）样的"等问题。例（6.25）中的所有的 X 都整体说明 S，如（6.25a）回答的是"宿舍是谁的"，其中 X 整体说明"我们大家"是 S"宿舍"的领有者。其中"X 的"相当于类名词，指谓一个类，即具有相同属性的个体集合，相当于形容词性成分充当谓语。该类事件表示的是相当于类名词的"X 的"及其论元之间的关系，如图 6-1 所示：

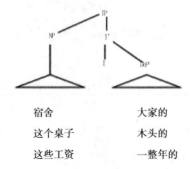

宿舍   大家的

这个桌子   木头的

这些工资   一整年的

图 6-1　X 取值为体词性成分时"是"的补足语

（二）X 取值为形容词性成分

当 X 取值为形容词性成分时，也可以回答"S 有何属性"，即"谁的""什么样的"或"怎（么）样的"等问题。例如：

（6.26）a. 他祖父是很博学的。

b. 张三是健康的。

其中的"X 的"同样相当于类名词，表示一个类，判断的是"X 的"及其论元之间的关系，如图 6-2 所示：

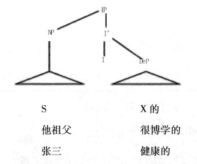

S   X 的

他祖父   很博学的

张三   健康的

图 6-2　X 取值为形容词性成分时"是"的补足语（解读一）

但是，该类事件的子事件中还有另外一种解读，即判断的对象为 X 及其论元之间的关系。在做这种分析的时候，我们将句末"的"只分析为表达确认的语气的语气助词"的₂"。如图6-3所示：

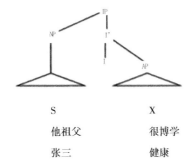

图6-3　X取值为形容词性成分时"是"的补足语（解读二）

（三）　X取值为主谓短语

当X取值为和主谓短语时，也可以回答"S有何属性"，即"谁的""什么样的"或"怎（么）样的"等问题。例如：

　　（6.27）a. 那本书是张三借的。
　　　　　　b. 菜是儿媳妇炒的。

袁毓林（2003b）称例（6.27）这种以整个处于"是……的"结构中的事件句做焦点的为"句子焦点"，即其中任何一个部分都是新信息，并不突显该主谓短语中的任何一个方面，而是用整个X说明S某方面的属性。如图6-4所示：

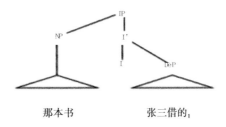

图6-4　X取值为子句时"是"的补足语（解读一）

对该类事件的子事件也有另外一种解读，即判断的对象为X中的谓词及其论元之间的关系。如图6-5所示：

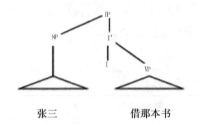

张三　　　　借那本书

图 6-5　X 取值为子句时"是"的补足语（解读二）

为了突显施事和动作，可以把"张三借"置于句末焦点位置，表明该事件的施事不是"李四""王五"，事件元也不是"买""偷"等。这时，我们同样将句末的"的"只分析为表达确认的语气的语气助词"的₂"。

（四）X 取值为动词性成分

典型的"S 是 X 的"一般以动词性成分充当其中的 X。例如：

（6.28）　a. 张三是早晨知道的。

　　　　　b. 地球是绕着太阳转的。

　　　　　c. 局长是因公殉职的。

　　　　　d. 苹果是长在树上的。

当 X 取值为动词性成分时，也可以回答"S 有何属性"，即"谁的""什么样的"或"怎（么）样的"等问题。例（6.28）中的"X 的"同样相当于类名词，表示一个类。判断的是"X 的"及其论元之间的关系。如图 6-6 所示：

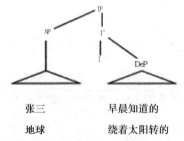

张三　　　　　　　早晨知道的

地球　　　　　　　绕着太阳转的

图 6-6　X 取值为动词性成分时"是"的补足语（解读一）

与X取值为形容词性成分和主谓短语一样，对该类事件的子事件也有另外一种解读，即判断的对象为X及其论元之间的关系。如图6-7所示：

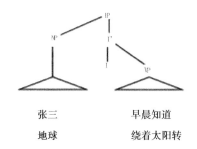

　　　　张三　　　　　　　早晨知道
　　　　地球　　　　　　　绕着太阳转

图6-7　X取值为动词性成分时"是"的补足语（解读二）

可见，当X取值为体词性成分的时候，只有一种解读，判断的对象是类名词"X的"及其论元之间的关系；但当X中含有谓词性成分的时候，不但可以解读为判断的对象是类名词"X的"及其论元之间的关系，还可以解读为判断的对象是"X"及其论元之间的关系。

以上例句除了能判断相当于类名词的"VP的"及其论元S的关系，VP及其论元的关系，还能够突显VP中的某个方面，能回答"V有什么特征"，即"什么时候V的""什么地方V的""怎么V的""怎么样V的"等。如（6.28a）中"早晨知道"是"张三"的某种属性，而"早晨"则是"知道"的方式特征。

需要指出的是，这时相当于类名词的"VP的"及其论元S的关系，VP及其论元的关系均为已知信息，也就是说，说话者在说"S是X的"的时候已经知道了S具有"X的"属性，以及X中V所表示的动作行为已经完结或某种状态已经达成。朱德熙（1978）指出"小王是昨天来的"可以解释为小王是"昨天晚上来的人"的一个成素，袁毓林（2003b）认为"小王是昨天来的"中"小王"具有"昨天晚上来的"属性，Cheng（2008）指出"张三是天天都迟到的"和"张三是住在台北的"都有关于主语"张三"的"属性"的解读，我的观点与这些分析是基本一致的。

例（6.28a）中，如果想问"张三"（S）的属性，则应该回答"张三是知道的"，因而"张三知道"是已然的旧信息。当进一步进行追问"什么时候知道（V）"时，才会用例（6.28a）来回答，其中的"早晨"才是所传递的新信息。也就是说，判断主项 S 的属性"已经 V"是已知的，而 V 所表达的事件特征不详①。因而，该类"S 是 X 的"主要突显的信息不再是对相当于类名词的"VP 的"及其论元 S 的关系，VP 及其论元的关系的判断，而是对 V 在时间、地点、原因、方式等方面的特征进行判断和确认。

与上述分析不同，还有些"S 是 X 的"中的变项 X 虽包含动词性成分，却只有前两种功能，不能回答"V 有什么特征"。例如：

（6.29）a. 冰箱里放的是吃的。
　　　　b. 这里是休闲娱乐的。
　　　　c. 他是相信这件事的。
　　　　d. 这件事是让我挺生气的。
　　　　e. 张三是能够胜任的。
　　　　f. 他一直是躺着不动的。

可见，X 取值为动词性成分时的情况比较复杂，动词性成分的语法单位主要包括单个动词、动词性并列短语、动补短语、动词性状中短语、动宾短语、兼语短语、连动短语等，下面逐一进行分析。

1. X 取值为单个动词或动词性并列短语

一般情况下，当 X 取值为单个动词时，"S 是 X 的"是一种具有保持性的状态，能判断相当于类名词的"VP 的"及其论元 S 的关系，"VP"及其论元的关系，如（6.29a）"冰箱里放的是吃的"。只能判断类名词的"吃的"及其论元"冰箱里放的"的关系，以及 VP"吃"及其论元"冰箱里放的"的关系。

但是，当其中单个动词后面存在一个隐性的补语（记作"$\emptyset_c$"）时，情况就完全不同了。虽然隐性补语 $\emptyset_c$ 没有以显性的形式出现，但却明显有其语义和信息内容。而 X 所表达的是 S 变化为隐性补语 $C_\emptyset$ 这样一种现状的原因、方式等。因而，这里隐含了一个表示经历的隐性动词"EXPERIENCE"、一个表示变

---

① 这里所谓的"事件"（Eventuality）涵盖 Vendler（1967）所概括的"状态（State）、活动（Activity）、达成（Accomplishment）和完结（Achievement）"四种事件类型。

化的轻动词"BECOME"和一个表示状态的隐性补语"Ø_c"，表达的是一种状态的达成，即"S+Ø_{EXPERIENCE}+X+BECOME+Ø_c"。

"S 是 X 的"不但能判断"VP 的"及其论元 S 之间的关系、VP 及其论元的关系①，还能够突显 VP 中的某个方面，回答"V 有什么特征"。例如：

> （6.30）a. 他父亲是气（Ø_c：病②）的。
>
> 　　　　b. 林黛玉的眼睛是哭（Ø_c：红）的。
>
> 　　　　c. 这个钱包是偷（Ø_c：来③）的。
>
> 　　　　d. 他的脸是晒（Ø_c：黑）的。

动词性并列短语的各组成部分之间无主次之分，其语法作用相当于单个动词，也主要包括两种情况：不含隐性补语和含隐性补语，分别如（6.29b）"这里是休闲娱乐的"和例（6.31）。

> （6.31）a. 他们是压榨剥削（Ø_c：死）的。
>
> 　　　　b. 这些食物是蒸、煮（Ø_c：熟）的。

2. X 取值为动补短语或动词性状中短语

与 X 取值为存在隐性补语 Ø_c 的单个动词不同，当 X 取值为动补短语时，补语以显性的形式出现，传达有关事态原因、方式、程度、结果、情态、时地、趋向等方面的信息。例如：

> （6.32）a. 他父亲是气病的。
>
> 　　　　b. 林黛玉的眼睛是哭红的。
>
> 　　　　c. 衣服是淋透的。
>
> 　　　　d. 这个钱包是偷来的。
>
> （6.33）a. 他父亲是气得病倒的。

---

① 可参见图 6-6 和图 6-7。

② "气"是"病"的原因。隐性补语"病"在句中只表示"气"的隐性补语所可能表达的一种状态，也可以被替换为"坏""死"或其他某种状态，但不管怎样它所表达的信息都是说话人和听话人所共知的旧信息，因而采用了隐性形式。

③ "来"在这里表示一种位移，即不在其原来所在的位置，而位移至说话人所处的位置。

  　　b. 我们每天都是等到半夜的。

  　　c. 那位学者是来自美国的。

　　其中，例（6.32）中动词和补语直接黏合，为"无标动补短语"，例（6.33）有补语标记，为"有标补语短语"。与单个动词带上隐性补语的情况相同，"无标动补短语"中的动词 V 是判断主项 S 变化为补语 C 这种现状的原因、方式等。

　　"有标补语短语"所突显的是动补短语的补语部分。但值得注意的是，当其删去例（6.33a）"他父亲是气得病倒的"中补语标志"得"，并使补语简化为"无标动补短语"，甚至隐性补语 Ø_c 时，如（6.30a）"他父亲是气的"和（6.32a）"他父亲是气病的"所示，转换为突显补语所表示的状态达成的原因，试比较下面三个句子：

　　　　（6.34）a. 他父亲是气的。

　　　　　　　　b. 他父亲是气病的。

　　　　　　　　c. 他父亲是气得病倒的。

　　例（6.34a）中的补语"病"是旧信息，为了突出原因"气"而采取了无语音的隐性形式；（6.34b）中的补语"病"采用了弱化语音的显性形式；例（6.34c）中的"病倒"不但采用了强化的语音形式，而且和补语标志"得"同时出现，以补语标记"得"突显了补语所传递的新信息。

　　动词性状中短语是文献中所谓"强调句"中 X 的典型取值，可突显事态时间、地点、原因、方式、依据、情态、程度、对象范围等方面的相关特征，例如：

　　　　（6.35）a. 张三是昨天来的。

　　　　　　　　b. 张三是北京出生的。

　　　　　　　　c. 张三是最不理解的。

　　　　　　　　d. 张三是左手写字的。

　　可见，X 取值为动补短语和动词性状中短语时，都能突显 VP 中的某个方面，回答"V 有什么特征"。

3. X 取值为动宾和兼语短语

当 X 取值为动宾短语和兼语短语时，也具有 X 取值为谓词性成分的功能，如（6.29c）"他是相信这件事的"和例（6.29d）"这件事是让我挺生气的"判断了"是……的"之间的"VP 的"（"相信这件事的"和"让我挺生气的"）及其论元的关系，同时也判断了"VP"（"相信这件事"和"让我挺生气"）及其论元之间的关系。

"能愿动词+动词性成分"短语或被认为能愿动词做动词性成分修饰语的"状中关系"，或被认为是动词性成分做能愿动词宾语的"动宾关系"。但是，例（6.29e）"张三是能够胜任的"中"能够胜任"不能突显其中的某个部分，这一点和 X 取值为动词性状中短语是不同的，因而，我们这里将其理解为"动宾短语"。另如：

（6.36）a. 母亲是愿意付出的。
　　　　b. 你是可以通过（这次考试）的。

4. X 取值为连动短语

当 X 取值为连动短语时，情况不太一致。连动短语包括前轻后重、前重后轻和前后难分轻重的情况①。前后难分轻重的连动短语可以看作是动词性并列短语，如（6.29f）"他一直是躺着不动的"；而前轻后重式和前重后轻式则相当于动补短语或动词性状中短语，突显事态的时间、方式、目的、依据、手段等。例如：

（6.37）a. 安东是坐飞机来北京的。
　　　　b. 我是来打酱油的。

---

① 吕叔湘（1979）认为很多连动式都是前轻后重，如，坐车回家、赶着做活；但也有前重后轻的情况，如，买菜去、写个信试；还有前后难分轻重的，如，躺着不动、喝酒喝醉了。

第四节 本章小结

综上所述，语言的性质是显性结构和隐性结构共同决定的，解读语言不但要观察其显露在外的可见形式，还要洞察其蕴含在内的隐性形式。有些隐性形式不依附于同音同形的显性形式，但有些隐性形式依附于同音同形的显性形式，扣合就是这样一种显性形式和隐性形式共现的组合方式。扣合的条件是多元的，包括"语表形式相同""句法位置相连"和"语里意义相容"等，而且这些条件是缺一不可的。

通过对判断性事件"S 是 X 的"显性形式和隐性形式的成分进行综合观察，我们认为所有"S 是 X 的"中的"是"首先均作为判断动词出现，句末"的"均有结构助词"的$_1$"的属性，与变项 X 组成"的"字短语（"X 的"）整体入句，在语义上保证了对判断主项 S 的分类。判断的对象首先均为相当于类名词成分的"X 的"及其论元之间的关系。但是，这并不意味着所有"S 是 X 的"所判断的对象完全一致。当 X 取值为谓词性成分或主谓短语时，该类事件不但像 X 取值为体词性成分时一样，能判断相当于类名词的"X 的"及其论元 S 的关系，还能判断谓词性"X"或主谓短语中谓词性成分及其论元的关系。

另外，当 X 取值为动词性成分时，可以根据是否具有"［+偏正］"这一属性分为两类：第一类是 X 取值为不含隐性补语的单个动词或动词性并列动词、动宾短语、兼语短语、无轻重之分的连动短语等，此类事件的功能与 X 取值为形容词性成分和主谓短语相同。另一类是 X 取值为含隐性补语的单个动词或并列动词、动补短语、动词性状中短语、有轻重之分的连动短语等动词性结构，此类事件除了能判断相当于类名词的"VP 的"及其论元 S 的关系，VP 及其论元的关系外，还能突显 VP 中的某个方面，回答"V 有什么特征"。关于 X 的取值和"S 是 X 的"判断对象的对应关系，请见表 6-1：

表 6-1　X 的取值和"S 是 X 的"的功能类别

X 的取值		"是……的"功能类别		
		判断"X 的"及其论元 S 之间的关系是+(S+X 的)	判断 X 及其论元 S 之间的关系［是+（S+X）］+的	突显"X"中某个组成部分的特征，突显 X 中某成分
体词性成分		+		
形容词性成分		+	+	
主谓短语		+	+	
动词性成分	-偏正	不含 Øc 的单个动词、动词性并列短语	+	+	
		动宾短语、兼语短语	+	+	
		无轻重之分的连动短语	+	+	
	+偏正	含 Øc 的动词、动词性并列短语	+	+	+
		动补短语、动词性状中短语	+	+	+
		有轻重之分的连动短语	+	+	+

第七章 句位变体及事件的判断性

在不改变（或基本不改变）意义的情况下，句子的内部各种成分可以改变形式（吕叔湘、朱德熙，1990），因而，正如不同的音位变体会构成一个能区别意义的音位一样，一组句法形式不同而语义真值相同的句子，也能够构成一个"句位"，这些句子互为句位变体。对判断性事件而言，处于语义真值相同的各变体所传递的信息也存在差别。下面我们从对句位变体的讨论出发，分析判断性事件"S 是 X 的"及其变体在组合形式、表达意义和传递信息方面的异同，进而探索事件判断性的强弱及谓语的类型等相关问题。

第一节 关于"句位"和"句位变体"的理论

对于"句位"和"句位变体"的概念，不同学者赋予其不同的内涵。其中比较有代表性的有陈炳迢（1981）、沈阳（1994）和萧国政（2010）等。

（一）陈炳迢（1981）的句位变体理论

陈炳迢（1981）明确地将"句位"定义为"结构关系和基本句意相同、情意色彩有差别的一群句子"。同一句位中有一个"基本式"，其余是其"句位变体"。在同一句位里，没有情意语序变化、不带表情词语、不带特殊语调（指同陈述语气对立的其他三种语调）、不带重音、没有内部停顿等等的句子叫"基本式"。基本式是句型的典型负荷，其他形式是"句位变体"。陈先生认为同一句位里的句子在情意色彩上是相互对应的：疑问对应的是无疑问，重音对应的是非重音，内部停顿对应的是没有停顿，带表情词语之外也有不带表情词语，一种语序之外还有另一种语序，等等。并列举了基本式为"你没瞧见她那可怕的样子"的句位变体如下：

（7.1）a. 你没瞧见她那可怕的样子？

　　　　b. 你没瞧见她那可怕的样子！

　　　　c. 你没瞧见她那可怕的样子！

　　　　d. 你没瞧见她那可怕的样子。

　　　　e. 没瞧见她那可怕的样子？

　　　　f. 你没瞧见她那可怕的样子！

　　　　g. 你没瞧见她那可怕的样子！

　　　　h. 你没瞧见，她那可怕的样子。

　　　　i. 你呀，没瞧见她那可怕的样子？

（陈炳迢，1981）

因而，陈炳迢（1981）所谓的"句位"和"句位变体"概念主要是从情感色彩和表达功能上对意义相同的句子进行考察的。与陈炳迢（1981）相仿，黄岳洲（1983）从功能出发，把两个或两个以上的意义相近、感情色彩和表达功能不同的句子称为"同义语法形式"。指出同义语法形式的选择是汉语语法修辞领域研究的新课题，能够帮助我们准确地理解语言和运用语言。举例如下：

（7.2）a. 你喜欢看小说吗？

　　　　b. 小说，你喜欢看吗？

　　　　c. 看小说，你喜欢吗？

　　　　d. 你是喜欢看小说的吗？

　　　　e. 喜欢看小说的是你吗？

（黄岳洲，1983）

其中，a 句以动宾短语"看小说"做宾语，b 句以"小说"作为叙述对象，c 句中动宾短语"看小说"意念上被"喜欢"管着，结构上成为主语和话题，d

句和 e 句是判断性事件，d 句是说你是什么样的人，e 句是说什么样的人是你。①
根据何种语言环境下的何种语言心理和表达要求，说话者可以采用不同的句式
来突显重点，展示某种语言风格或情感色彩等，取得理想的表达效果。

（二）沈阳（1994）的句位变体理论

沈阳（1994）是从句法结构的角度援用了"句位"（SP）和"句位变体"
这两个极为重要的基本概念，并列举了以下三组句子：

> (7.3) a. ［他洗了那几件衣服］
>
> b. ［他洗了］
>
> c. ［洗了］
>
> (7.4) a. ［他洗了那几件衣服］
>
> b. ［那几件衣服他洗了］
>
> c. ［他把那几件衣服洗了］
>
> (7.5) a. 他说［他洗了那几件衣服］
>
> b. 他打算［洗那几件衣服］
>
> c. 他没空儿［洗那几件衣服］

（沈阳，1994）

沈阳（1994）认为，实际上传统语法学把 a 句视为基点，把 b、c 句看作省
略式或倒装式，结构语法学那样把 a、b、c 句分别作为基点，把其他两式看作
是扩展式，或者是变换式，都是把各种不同的句式当作具体结构的变化形式，
但是均无法判定这个结构的起点和终点。因而，他另辟蹊径，从句法结构的角
度构造一个形式化的汉语动词的句位系统，归纳了现代汉语三种基本"句位"
（Abstract Structure）：

> (7.6) SP1→ ［NP$_1$V^1］
>
> SP2→ ［NP$_1$V^{2}NP$_2$］

---

① 黄岳洲（1983）认为 d 句和 e 句是"断定判断前项和后项所指同属一物"，对此我们持不同看
法：动词性空语类为"等同/等于"只是"是"字句中的一种类型。

SP3→ $[NP_1 V^3 NP_2 NP_3]$

并从空语类角度，将 V_2 类动词"洗"的变体结构归纳为以下几种情况：

(7.7) S_1 [他 NP_1 洗（了）那几件衣服 NP_2]

$S2$ [他 NP_1 洗（了）eNP_2]

$S3$ [eNP_1 洗（了）eNP_2]

$S4$ [（那几件衣服）他 NP_1 洗（了）eNP_2]

$S5$ [他 NP_2（把那几件衣服）洗（了）eNP_2]

他打算 S_6 [eNP_1 洗那几件衣服 NP_2]

（父母嘱咐他）S_7 [（晚上）eNP_1 洗那几件衣服 NP_2]

可见，沈阳（1994）的"句位"指的是高度抽象的句法模式，是特别针对动词而言的，某个动词特定的分布环境所构造成的结构形式，就是该动词的句位。"句位变体结构"指"句位"填入了词语 V 和 NP 进入使用状态时的结构，这两者之间就形成了抽象与具体的关系。"'句位'相当于'深层结构'，而'句位变体结构'则相当于'表层结构'"（邵敬敏、任志萍，1996）。

（三）萧国政（2010）的句位变体理论

萧国政（2010）指出，正如不同的音位变体会构成一个能区别意义的音位一样，一组语义真值相同的句子，也能够构成一个"句位"，这些句子互为句位变体。进而从组形、释义和传息这"语法研究的三个世界"角度，对"句位"进行剖析。首先从组形上将句位定义为"以某个句子的'义项'而聚合起来一组句子形成句子形式的同义集合，是言语句子同一意义的若干形式变体"。如"他的老师当得好"包含四个句位：

(7.8) SA1x 可能领属句位：

SA1x0：当…，他的老师能当好。

SA1x1：他的老师当…能当好。

SA1x2：他的老师当得好。

SA1x3：他老师能当好。

　　　　　　……

　　　　　　SA1xn……

（萧国政，2010）

　　"可能领属句位"中"得"表示"可以、能"，"他的老师"表示领属。虽然每个具体句子形式不同，他们却构成意义相同的一组同位句。

　　萧国政（2010）明确指出，"句位分析"面向语言理解的句子释义语法研究一个重要任务，也就是要描述句位成分的类型和范畴，解释和揭示形义之间的对应关系。从释义上说，除了"可能领属句位"，还有"结果领属句位""可能施事句位"和"结果施事句位"，可分别表示为：

　　（7.9）a. 他的老师充当某个角色能当好。

　　　　　b. 他的老师充当某个角色当得不错。

　　　　　c. 他这个人充当老师能当好。

　　　　　d. 他这个人充当老师当得不错。

（萧国政，2010）

　　这里所谓的"句位"，不仅指跟"他的老师当得好"这个意义相联系的四个形式个体，而且还指"可能领属句位""结果领属句位""可能施事句位"和"结果施事句位"所表达的意义，也就是句子的位义。可以描述为：

　　（7.10）"谁"＋充当某角色＋能当好／当得不错

　　从传息上说，各句位变体所传递的信息不同。句子的内容信息可分为语义信息和功能信息，前者可以在句位的基础上通过动态层次的新信息和旧信息结构来刻画，后者包括陈述、疑问、感叹、强调等载体功能信息和评价、判断、确认等性质功能信息，可采用焦点和问答外信息结构等进行刻画。而信息传递的外信息结构的需要和使用是句位变体产生的言语动因。句位变体之间不同的语句格式和语义结构服务于不同的信息表达，信息结构和其他结构是"主从关系"。因而，萧国政（2010）所谓的"句位"是句子的静态语义和动态信息的结合。句位的语义分别投射为不同动态信息层次，完整的语言理解，包括语义信息和功能信息的全面识别和获取。

与陈炳迢（1981）从情感色彩角度和沈阳（1994）句法结构角度对句子结构形式的审视不同，本书沿用萧国政（2010）的"句位"概念，是从"语法研究的三个世界"的角度审视的，认为句位由语义真值相同的各形式变体组成，我们之所以会在具体语言环境中选用不同的句位变体，是因为它们所传递的具体信息既有密切联系，又各自不同，相互区别。

第二节　判断性事件"S是X的"及其变体

汉语和其他很多语言一样，在对相同事件进行表达时，可以选用语表不同的组合形式。例如：

(7. 11)　a. 中国 1949 年解放。　　　（可描写为：SX）

　　　　　b. 中国是 1949 年解放。　　（可描写为：S 是 X）

(7. 12)　a. 中国 1949 年解放的。　　　（可描写为：SX 的）

　　　　　b. 中国是 1949 年解放的。　　（可描写为：S 是 X 的）

(7. 13)　a. 中国，1949 年解放的国家。（可描写为：S，X 的 Y）

　　　　　b. 中国是 1949 年解放的国家。（可描写为：S 是 X 的 Y）

例（7. 11—13）的语义真值都是"中国 1949 年解放"，但是表达效果却存在明显的差异。不难看出，这些不同的组合形式，是语言使用者在不同的语言环境中，根据意义表达和信息传递的不同所选用的不同表达形式。

对语言现象进行综合观察，不但要观察其显露在外的显性形式（可见形式），而且要洞察其蕴含在内的隐性形式。如空语类，但有些隐性形式却依附于同音同形的显性形式而存在，如扣合。隐性形式和扣合都是在组织语言的过程中所采用的表达手段。对判断性事件"S是X的"而言，语表形式的"是"和"的"均为显性形式和隐性形式的扣合。屠爱萍（2013c）结合隐性形式、词语的扣合以及句子的扣合等，具体讨论了不同的表达形式在信息传递上的区别。

（一）"是"的隐性形式及"是"的扣合

"是"字可以做判断动词，也可以做表示确定意义的副词，以"的确""确实"等替换。在表示判断的时候，一般会作为判断标记，以显性的音节形式出现，但有的时候也会采用非音节的隐性形式出现。在作为副词，位于判断动词"是"之前的时候，其语表形式往往只出现一个"是"字，但同时可以表示副词"是$_1$"和判断动词"是$_2$"的意思。关于判断性事件"S 是 X 的"中"是"的争议很多，但都集中在所谓表示"强调"的"S 是 X 的"中的"是"字上。下面我们以语义真值为"中国 1949 解放"的各变体为例，具体分析"是$_1$""是$_2$"与各变体之间的关系。

1. 判断动词"是"的隐性形式

例（7. 11a）"中国 1949 年解放"通常被称为叙述句，陈述一个事件。但是，这个叙述句在表达判断内容的同时，将判断和非判断（叙述）合而为一。[①]我们之所以认为它表示叙述，而不表示判断，是因为其中的表达显性判断的"是"采用了隐性形式，判断标记的隐性形式导致了判断信息的弱化，同时突显了句子的另一个功能：叙述。

例（7. 11b）"中国是 1949 年解放"中的判断标记"是"所判断的是"中国 1949 年解放"这个事件，从语用上说，作为焦点标记突显了与之相毗邻的事件时间"1949 年"。如果想更加突显焦点信息，明确地标记出"中国解放"所发生的时间是"1949 年"，还可以把时间"1949 年"作为新信息置于末尾的信息焦点位置，改写为例（7. 14a）或例（7. 14b）：

（7. 14）a. 中国解放是 1949 年。

b. 中国解放的时间是 1949 年。

如果将例（7. 11）中的 a 句和 b 句都转换为否定形式，则 b 句可以在判断动词的前面直接加上否定副词"不"，而 a 句只能以"不是"表达否定，两者

---

① 例（7. 11）虽然是表示叙述，但也潜在地跟判断有关联，是判断信息的"弱化形式"。

共用否定形式（7.15）：

(7.15) 中国不是 1949 年解放。

可见，例（7.11a）中的"是"并非不存在，而是其存在形式为隐性形式"?"。虽然其中的判断标记"是"采用了隐性形式，但仍然以叙述的形式表达了对"中国 1949 年解放"这件事的断定，其判断意义仍然存在，判断内容依然能够得以实现。只是因为缺少了"是"字突显判断的标记功能，例（7.11a）的判断信息比较弱，是"判断信息弱化式"。同理，例（7.12a）"中国 1949 年解放的"和例（7.13a）"中国，1949 年解放的国家"也是判断信息的弱化形式，例（7.11—13）中 a 组的"判断信息弱化式"与 b 组的"判断信息强化式"构成了判断功能强弱的变体序列。

2."是"的扣合

书面形式的"是"，除了一般读法，都可以重读（用上标的短横线"˗"表示）。"重读"是一种综合感知效应，可以表现为音高、时长、音强等的某一维度的凸显，或者是综合突显了所有这些维度。一般认为，重读的"是"为副词"是₁"，表达"的确""确实"之意，能直接以"的确""确实"等表示确认的副词替换做状语。

有的表述在表达肯定的同时，还将"是"重读，表明了这种判断的确定性。关于"是"重读的情况，可以有两种情况：第一种情况为副词"是"，后面紧跟其他谓词性成分，第二种情况为"是₁"和"是₂"的扣合，也就是一般认为的"强调句"，但是，从上述的分析可见，"S 是 X 的"中的"是"首先是动词，表示判断。

如果把 b 组句子中的重读"是"理解为副词"是₁"，并用"的确""确实"等来替换例（7.11—13）中的 b 组句子，则会出现 a 组句子的确认式：

(7.16) a. 中国是₁1949 年解放。↔中国的确 1949 年解放。

b. 中国是₁1949 年解放的。↔中国的确 1949 年解放的。

c. 中国，是₁1949 年解放的国家。

↔中国，的确 1949 年解放的国家。

如果要用副词"是$_1$"或"的确"等词对 b 组的表述进行确认，则可改写成能表达同样的语义的例（7.17）：

（7.17）a. 中国是$_1$/的确是$_2$1949 年解放。

b. 中国是$_1$/的确是$_2$1949 年解放的。

c. 中国是$_1$/的确是$_2$1949 年解放的国家。

对 b 组句子进行确认可以重读句中的"是$^-$"①，为判断动词"是$_2$"和副词"是$_1$"的扣合，判断动词"是$_2$"和副词"是$_1$"毗邻，其句法位置决定了在表达判断的前提下，有吸纳和合并副词"是$_1$"的句法结构基础。同时，副词"是$_1$"和判断动词"是$_2$"的同音、同形，也为二者的扣合做好了语音和语形上的铺垫。所以，我们认为经过语音处理的"是"是副词"是$_1$"和判断动词"是$_2$"的扣合。"是"在重读和非重读的情况下，均表示主观的断定，在判断性事件结构的研究中可以将两者统一起来，只是当其重读的时候，在肯定程度加强的同时，又增加了确定的意味。

如果将"是$_1$"或者"的确"等这种独词简略形式置于句首，则可以形成"句外确认式"（或称"句首确认式"），对整个命题所传达的信息进行确认，与"句内确认式"形成系列语义同值式，互为变体：

（7.18）a. 是$_1$/的确，中国是$_2$1949 年解放。

b. 是$_1$/的确，中国是$_2$949 年解放的。

c. 是$_1$/的确，中国是$_2$1949 年解放的国家。

（二）"的"的隐性形式及"的"的扣合

语气助词"的"可以采用显性的音节形式，也可以采用非显性音节形式，以隐性形式对整个命题进行肯定和确认。结构助词"的"一般位于定语和中心语之间，但当中心语缺省的时候也可以位于词语或句子的末尾，和语气助词

---

① 与（7.11—13）b 组句子相对应的确认句，可以表示如下：（7.11c）中国是$^-$1949 年解放。（可描写为：S 是$^-$X）

（7.12c）中国是$^-$1949 年解放的。（可描写为：S 是$^-$X 的）

（7.13c）中国是$^-$1949 年解放的国家。（可描写为：S 是$^-$X 的 Y）

"的"处于相同的句法位置。

1. "的"的隐性形式

语气助词"的"位于句尾，具有加重语气的作用，不隶属于某个词或者短语，而属于整个句子，是对整个命题的肯定和确认。吕叔湘（1944）、宋玉柱（1978）、邢福义（1981）、吕必松（1982）、李讷等（1998）和熊仲儒（2007）等均认为"是……的"句末的"的"是语气词。语气助词"的"的存在，不是出于结构上的需要，而是基于说话者所要表达的某种语气的需要，所以一般可以省去，省去后基本意义不变，只是肯定和确认的信息相应减弱。比如，例（7.12）"中国1949年解放的"和"中国是1949年解放的"中的语气助词"的"省去后，就相应地形成例（7.11）中的"中国1949年解放"和"中国是1949年解放"。因而，例（7.12）是一组"确认信息强化式"，与之相对，不含"的"字的例（7.11）是一组"确认信息弱化式"。

当我们要对例（7.11）进行确认，并且不采用显性语气助词"的"的时候，一般会同时借助于非音节形式的语气载体来表达，往往采用加重或高扬最后一个音节等语音手段，占据语气助词"的"原有的句法位置，来实现确认语气的表达功能。例（7.11a）末尾的"（解）放"进行语音处理后表示确认，这时候表示确认的语气助词便采用了隐性形式，确认语气助词转化为非音节形式的语气载体。

2. "的$_1$"和"的$_2$"扣合

结构助词"的$_1$"一般位于定中结构中间，但当中心语采用了隐性形式时，结构助词"的$_1$"也可以位于短语或句子的末尾，以"X 的$_1$"的显性形式表达"X 的$_1$Y"的内容。在判断性事件"S 是 X 的$_1$Y"中，除了构成同类序列的隐性形式判断动词"是"，宾语中心语"Y"也可采用隐性形式，即"Y = Ø"：X 的$_1$↔X 的$_1$Ø↔X 的$_1$Y。

例（7.12）末尾的"X 的"结构（"1949年解放的"）占据了名词性成

分的位置做判断动词"是"的宾语，起到名词性短语的作用，表示转指意义[1]，以"X 的"的形式表达"X 的 Y"的内容："1949 年解放的"表达了"1949 年解放的国家"的意思。

"X 的"处于末尾的句法位置，以及结构助词"的$_1$"与语气助词"的$_2$"同音、同形的语表特征，为两者的扣合提供了句法结构、语音和语形上的铺垫，使结构助词"的$_1$"在与"X"结合构成"X 的$_1$"，表达"X 的$_1$Y"内容的同时，能够吸纳、合并语气助词"的$_2$"，形式为"S（是）X 的$_1$的$_2$"。

而例（7.13）"X 的 Y"中的结构助词"的$_1$"虽然与语气助词"的$_2$"有同音、同形的语表特征，但不位于句尾，因而缺少了语气助词"的$_2$"存在的句法结构基础。因而，例（7.12）末尾"的"是结构助词"的$_1$"和语气助词"的$_2$"的扣合，即："S（是）X 的"（的＝的$_1$+的$_2$）。

（三）判断句和确认句的扣合

句子的扣合是以一个句子表达两个句子加合在一起的意义，下面我们就学界争议颇多的"S 是 X 的"，分析句子扣合的情况。

1."S 是$_2$X 的$_1$"和"S 是$_1$X 的$_2$"的扣合

如前所述，经过语音处理的"是"为副词"是$_1$"与判断动词"是$_2$"的扣合。同时，当结构助词"的$_1$"位于末尾时，有吸纳语气助词"的$_2$"的句法结构和语音语形基础。也就是说，在"是"重读的情况下，可以用"S 是 X 的"的句法形式表示"S 是$_1$是$_2$X 的$_1$的$_2$"的内容，如（7.12b）"中国是 1949 年解放的"可同时表示判断和确认，是判断句和确认句的扣合。如图 7-1 所示：

---

[1] 关于"转指"，请参见黎锦熙（1924）、朱德熙（1961）等。

图 7-1　判断句和确认句的扣合

"S 是 X 的"句中有副词"是$_1$"和判断动词"是$_2$",句尾有"的$_2$",它们对判断进行多重确认,不但判断动词"是"使其具有了判断功能,同时,副词"是$_1$"和语气词"的$_2$"在语法上保证了对判断信息的确认作用,将判断和确认的表达形式合而为一,使判断和确认的表达效果同时得以实现。正是"S是 X 的"的多重确认功能,使汉语使用者感到"S 是 X 的"是具有强调功能的"强调句"①。

2. "是$_1$的$_2$"和"S 是$_2$X 的$_1$"的扣合

如上所述,将"是$_1$"或者"的确"等这种独词简略形式置于句首,可以形成"句外确认式"与"句内确认式"互为变体。"是$_1$的$_2$",是以语气助词"的$_2$"使"是$_1$"(是$_1$ =的确)的确认意义进一步加强。如果将"是$_1$的$_2$"这个"独词确认式"置于句首,则也可以形成与"句内确认式"等值的"句外确认式"。不同的是,"句内确认式"将判断和确认合而为一,而"句外确认式"将独词简略判断的"是$_1$的$_2$"和这个表示判断的句子隔开,对整个命题进行进一步确认。"独词确认式""是$_1$的$_2$"和判断句"中国是 $_2$1949 年解放的$_1$"扣合后也可以形成例(7.12b)"中国是 1949 年解放的"。如图 7-2 所示:

---

① 齐沪扬和张秋杭(2005)总结了当前比较一致的观点是:"是……的"句的句法功能主要是表示判断或强调,表示判断的"是……的"句,是"的"字结构做宾语的"是"字句,表强调的"是……的"句一般被称为"强调句"。"是……的"句是李德津、程美珍(1988)所总结的汉语八种强调方式中的一种。但是,王光全(2003)认为这类"是……的"句不是强调格式,而是"某些情况下的强制格式"。例如,在表达"你是怎么来的"和"你是什么时候来的"等意思时,不能换用为其他格式,是强制使用的。其实,"强调"的作用就是突显信息焦点,从这个角度看,这种句子也可称为"焦点突显句"。

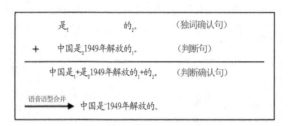

图 7-2　独词确认句和判断句的扣合

对于"S 是 X 的"来说，"是$_1$"和"是$_2$"以及"的$_1$"和"的$_2$"的句法位置及其语音、语形的特点，不但为"独词确认式""是$_1$ 的$_2$"和判断句"S 是$_2$X 的$_1$"扣合奠定了基础，而且也为判断句"S 是$_2$X 的$_1$"和确认句"S 是$_1$X 的$_2$"的扣合准备了条件。

（四）　句位变体及其不同的动态信息传递

我们之所以会在具体语言环境中选用不同的句位变体，是因为它们所传递的具体信息既有密切联系，又各自不同，相互区别。下面我们具体探讨其所传递具体信息的异同。

1. 不同的句位变体处于同一句位

如前所述，例（7.11—13）都表示判断，不同的是，例（7.13b）中的"是""的"和"Y"都没有采用隐性形式，从句法上看，是最大形式句，而其他句子都含有某一个或几个成分采用了隐性形式。例（7.13a）中的"是"、例（7.12b）中的"Y"、例（7.12a）中的"是"和"Y"都采用了隐性形式。例（7.11a）中"是"采用了隐性形式，而且，当用非音节形式的语气载体对例（7.11a）和（7.11b）表示确认时，其中的语气助词"的$_2$"也采用了隐性形式。同时，这里隐性形式的语气助词"的$_2$"也可以发挥结构助词"的$_1$"的作用，以"X 的$_1$"的形式表达"X 的 Y"的内容，Y＝Ø。因而，补出隐性形式的"是""的$_2$"和"Y"（分别记作"Ø$_是$""Ø$_的$"和"Ø$_Y$"），则可以很明显地看出例（7.11—13）的句法结构和语义真值相同。重写如下：

（7.19）a.中国 Ø_是 1949 年解放 Ø_的 Ø_Y。（可描写为：SØ_是 XØ_的 Ø_Y）

b.中国是 1949 年解放 Ø_的 Ø_Y。（可描写为：S 是 XØ_的 Ø_Y）

（7.20）a.中国 Ø_是 1949 年解放的 Ø_Y。（可描写为：SØ_是 X 的 Ø_Y）

b.中国是 1949 年解放的 Ø_Y。（可描写为：S 是 X 的 Ø_Y）

（7.21）a.中国 Ø_是 1949 年解放的国家。（可描写为：SØ_是 X 的 Y）

b.中国是 1949 年解放的国家。（可描写为：S 是 X 的 Y）

非但如此，它们所传达的基本信息也大致相同。我们知道，语言在传递信息时，一句话往往包含多个信息，位于句子末尾的部分通常是新信息，是信息传递的焦点①。如果按照息序主线来确定，那么例（7.11—13）中的"1949 年解放""1949 年解放的"或"1949 年解放的国家"就是息序位于最后的新信息。按照息序副线来确定，"1949 年解放的国家"中的核成分是"国家"，层成分是"1949 年解放"；"1949 年解放"中的核成分是"解放"，层成分是"1949年"；"1949 年"中的核成分是"年"，层成分是"1949"。例（7.19—21）所传达的基本信息也大致相同，都是对"中国解放"的时间进行判断，信息焦点都是"1949"。可以看出，如果补充出隐性形式，那么这些句子的基本句法结构、语义真值和与信息焦点均基本一致，所有的变体都处于同一句位。

2. 处于同一句位的不同变体

基本句法结构、语义内容与信息焦点基本一致，但这些句位变体所传递的具体信息却存在差异，下面我们将从横向［例（7.11—13）中 a、b 两组句子之间］和纵向［例（7.11—13）三组句子之间］两个角度对这组处于同一句位的变体进行更为详细的比较。

首先来看例（7.11—13）中 a、b 两组句子之间的差别：a 组句子和 b 组句子之间的区别在于判断标记"是"字有没有采用隐性形式，句中有没有显性的判断标记"是"。b 组句子含有判断标记"是"，"是"在句法上构成判断句，是判断句的句法支点，具有标记判断的作用，确认了其表达的主要信息内容是判断，突显了判断的信息。b 组句子中的判断标记"是"在 a 组句子中采用了

---

① 参见吕叔湘（1946）、萧国政（1991）、袁毓林（2012）。

隐性形式，即"是=Ø"。正因如此，a 组句子就缺少了突显判断的功能，导致其判断信息的弱化。

一般认为例（7.11a）和例（7.12a）不是判断句，而是分别属于叙述句和确认句。事实上，例（7.11a）是将叙述和判断信息合二为一的句子，例（7.12a）则是将确认和判断信息合二为一的句子。我们可以用提问的方式证明例（7.12a）可以回答两个问题：

（7.22）Q1：中国发生了什么？——中国1949年解放。

　　　　Q2：中国哪一年解放？——中国1949年解放。

问句一（Q1）要求对方叙述一件事，而问句二（Q2）要求对方对事情发生的时间进行判断。例（7.11a）既可以表示叙述，回答问句一，也可以表示对事情发生时间的断定，回答问句二。同理，例（7.12a）不但可以表示对事情发生时间的判断，回答问句二，还可以用语气助词"的"指向事情发生时间"1949"这个焦点，表示对整个命题的确认，回答问句三（Q3）：

（7.23）Q2：中国哪一年解放？——中国1949年解放的。

　　　　Q3：中国1949年解放？——中国1949年解放的。

再来看例（7.13a），如果将其中间的逗号（"，"）去掉，则例（7.13a）不再是一个符合语法的句子：

（7.23）＊中国1949年解放的国家。

例（7.13a）在"中国"和"1949年解放的国家"中间存在一个逗号，则使"中国"话题化，成为整个句子的话题。例（7.13a）被认为是判断句，是因为用一个名词性成分对另一个名词性成分进行判断是汉语中常见的一种句法形式。例如：

（7.24）鲁迅，浙江绍兴人。

但是，这样的表达属于正式文体，往往出现在从多个不同角度对同一个事物进行刻画和介绍的时候，描述事物某一方面的特质，回答"什么样"的问题。比如，要回答"鲁迅是什么样的人"，我们必须进行多方描写：

　　（7.25）鲁迅，男，浙江绍兴人，我国伟大的文学家、思想家、
　　革命家……

同理，也可以认为（7.13a）是一个描写句，回答问句四（Q4）：

　　（7.26）Q4：中国是什么样的国家？
　　——中国，（一个）1949年解放的国家，……

与例（7.13b）比较，例（7.13a）的判断信息仍然比较弱，但突出了其描写和刻画功能。以至于有学者认为名词谓语句中的谓语不是对主语加以判断和肯定，而是对主语进行描写和说明，全句不是判断句，而是描写句（冯凭，1986）。

从对例（7.11—13）中a组句子和b组句子的比较可以看出，正是因为a组句子的判断标记"是"采用了隐性形式，导致其判断信息弱化，突显了它们所传递的另外一种信息：叙述、确认或描写。正如洪心衡（1987）指出的那样，去掉"是"之后句子仍然完整，只是判断的意思被削弱，甚至消失了。

因而，从某种程度上说，每个描写句、叙述句和判断句都具有判断性，只是描写句和叙述句中"是"采用了隐性的形式，是判断的弱化式。当语言表达者希望突显主观判断时，会采用能够显性表达主观判断的"是"，将一般的描写和叙述转化为判断的强化式。

其次来看例（7.11—13）三组句子的差别：例（7.11—13）三组句子之间的差别在于，例（7.12）比例（7.11）多了句尾助词"的"，例（7.13）比例（7.12）又多了定中关系的中心语"国家"。如前讨论，a组句子中的判断标记"是"并非不存在，而是采用了隐性形式，方便起见，下面我们将依托含有显性判断标记"是"的b组句子展开讨论。

例（7.12b）是用语气助词"的$_2$"对例（7.11b）进行进一步确认。例（7.11b）中的判断动词"是$_2$"突显了对新信息（判断谓项）的判断和确认，是自带的同级确认。而例（7.12b）句中有判断动词"是$_2$"，句尾有语气助词"的$_2$"，它们对判断进行双重确认。两者虽然都表判断和确认，但不在一个层次上：与例（7.11b）中也具有的句子自带的同级判断"是$_2$"不同，语气助词"的$_2$"表达确认的语气，把"S是X（的$_1$）"这个判断性事件作为新内容进行

再次确认。

因为表述的需要，存在可以省略旧信息和不能省略旧信息两种情况。例
（7.13b）"1949 年解放的国家"是例（7.12b）中"1949 年解放的"隐性形
式的"国家"以显性形式出现，两者互为变体。它们的不同之处在于例（7.
12b）中的旧信息"国家"采用了隐性形式，突显了新信息"1949 年解放"。
在不强调"Y"这个旧信息时，为了突显新信息，"Y"会采用隐性形式，即
"Y=Ø"，使表达简洁、凝练，从而达到语言表达经济性原则的要求。例如，在
强调"中国是一个'国家'，不是一个'地区'"时，旧信息"国家"必须补
出。与例（7.12b）中的"Y"采用隐性形式相比，例（7.13b）这样一个"S
+是+X 的 Y"结构不够简洁、凝练，但可以突出"Y"的信息。

Harris & Campbell（1995）通过跨语言的研究证实了"N_1 是 V_F 的 N_2"句
式（中国是解放$_F$的国家）和"N_1 是 V 的 N_{2F}"（中国是解放的国家 F）是从双
句结构（Bi-clausal constructure）到单句结构（Mono-clausal constructure）的
"从分裂到突显"（Cleft-to-highlighting）的变化过程。龙海平（2011）进一步指
出，对于"N_1 是 V 的 N_2"句式来说，在"从分裂到突显"过程中被焦点化的
是中心词 N_2，形成了"N_1 是 V 的 N_{2F}"句式。这种分析和我们从信息传递的角
度进行的分析是不谋而合的。

综上所述，例（7.11—13）中 a、b 两组句子的差别为：a 组句中的"是"
采用了隐性形式，为判断信息的弱化式，b 组句中的"是"采用了显性形式，
为判断信息的强化式；例（7.11—13）三组句子的差别在于：例（7.11）句
末没有显性的"的"，是确认信息弱化式，例（7.12）句末有显性的"的"，
是确认信息强化式，例（7.13）突显了原本为旧信息的"的"字短语中心语
"国家"，是中心语突显式。

第三节　判断性事件和事件的判断性

王力（1957）指出，叙述句用来叙述一个事情，描写句用来描写人物的德
性，判断句用来断定主语所指和谓语所指同属一物，或断定主语所指的人物属

于某一性质或种类。洪心衡（1987）也指出，现代汉语里"是"的判断作用，可以是断定事物，也可以是断定性状或动作。不过如果用名词做谓语，一般要加用"是"来表示判断。至于用形容词或动词做谓语，通常是对主语做描写和叙述，有必要的时候才加上"是"来表示肯定的意思。因而，同时存在这样的句子：

(7.27) a. 今天 2021 年 2 月 14 日。

b. 今天是 2021 年 2 月 14 日。

(7.28) a. 今天星期日。

b. 今天是星期日。

(7.29) a. 她很漂亮。

b. 她是很漂亮（，你是很可爱）。

(7.30) a. 中国 1949 年解放。

b. 中国是 1949 年解放。

正如邢福义（1996）所指出的：所有的句子"都跟判断存在一定的联系"，"有的句子，直接表示判断；有的句子，间接地或潜在地跟某个判断有关联"。如此看来，以上各种表述均具有表示说话者主观判断[①]的功能。因而，这里必须区分有标的判断性事件和零形式的叙述性事件、描写性事件之间的关系。

（一）判断性事件和非判断性事件

叙述和描写也表达了说话者主观的判断，只是能够明显表达判断的"是"没有体现出来，因而与含标记的"是"的判断性事件相比，其判断性较弱。正如吕叔湘（1944）所指出的，判断句的语气比一般的叙事句要重，"是"是一个认知情态动词，表达说话人确定命题成立的可能性。关于汉语中"是"的作用，吕叔湘（1980）的解释是："总的来说，'是'字的基本作用是表示肯定。在名词谓语句里经常用'是'字，因而肯定的意思就冲淡了，好像只有联系的作用了。名词谓语句以外的句子，因为一般不需要用'是'字联系主语和谓

---

① 判断不但包括"是认"，还包括"否认"，这里凭借"是认"进行分析。

语，用了'是'字就突出它的肯定作用，也就加强了语气。"这里的"肯定"就是一种肯定判断。"是"的否定形式"不是"表示的是否定判断。

因而，一般认为例（7.27—30）中的 a 句表达叙述或描写，而 b 句表达判断。也就是说，a 句虽然不含"是"，但是也跟判断有关联，也是表达了主观的一种判断，只是 b 句更直接的表示判断，且语气比 a 句重。但需要注意的是，叙述性事件和描写性事件在合适的句法位置上加上"是"一般均可以转换为判断性事件。例（7.27—30）中 a 组叙述性事件和描写性事件，再加上表示主观判断的"是"，一般都可以转换为 b 组判断性事件，a 组成为判断性事件的子事件。从句法上说，表示判断的"是"是提升动词，在句法树上位置是高于其所判断的子事件的。如图 7-3 所示：

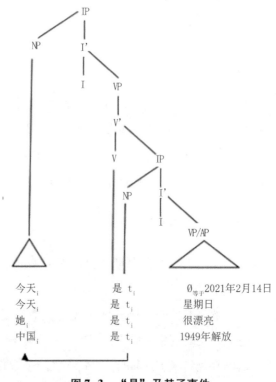

图 7-3 "是"及其子事件

在 a 组句子加上表示判断的"是"，转变为 b 组句子之后，事件的性质也由描写或叙述，转变为对表示描写或叙述的子事件的判断。同样，我们也可以逆向转换，在不考虑判断性强弱的情况下，将 b 组的判断性事件相应地转化为 a 组的叙述性事件和描写性事件。根据 "X" 的不同，判断性事件可大致分为三种①：

(7. 32)　a. S+是+X。

　　　　　b. S+是+X 的。

　　　　　c. S+是+X 的 Y。

判断性事件的子事件均或为描写性事件，或为叙述性事件，其中变项 "X" 的取值，是决定该判断性事件子事件性质的主要因素。可以将判断性事件的句法结构及其子事件的性质的对应关系见表 7-1：

表 7-1　判断性事件的组合形式及其判断对象

组合形式		示例	"是" 的子事件	子事件性质
S+ 是+ X	S+是+NP	今天是 2021 年 2 月 14 日	今天 2021 年 2 月 14 日	叙述性事件
		今天是星期日	今天星期日	描写性事件
	S+是+AP	她是很漂亮（，你是很可爱）	她很漂亮（，你很可爱）	描写性事件
	S+是+VP	中国是 1949 年解放	中国 1949 年解放	叙述性事件
S+ 是+ X 的	S+是+ NP 的	这张是 2021 年 2 月 14 日的	这张是 2021 年 2 月 14 日的	描写性事件
		这张是星期日的	这张是星期日的	描写性事件
	S+是+ AP 的	她是很漂亮的	她很漂亮的	描写性事件
			她很漂亮	描写性事件
	S+是+ VP 的	中国是 1949 年解放的	中国 1949 年解放的	描写性事件
			中国 1949 年解放	叙述性事件
S+ 是+ X 的 Y	S+是+ NP 的 Y	这张是 2021 年 2 月 14 日的 发票	这张 2021 年 2 月 14 日的 发票	描写性事件
		这张是星期日的发票	这张星期日的发票	描写性事件
	S+是+ AP 的 Y	她是很漂亮的女孩	她很漂亮的女孩	描写性事件
	S+是+ VP 的 Y	中国是 1949 年解放的国家	中国 1949 年解放的国家	描写性事件

---

① 因为不管 "是" 前成分 "S" 的结构多复杂，均能够表示指称，其功能相当于体词性成分，且不影响事件的性质，故在此没有对 "S" 进行更为详细的分析。其中第二类和第三类均为第一类判断性事件的特殊形式，但考虑到其特殊性，我们这里仍然对其进行单独的分析。

（二）谓语的性质和非判断性事件的性质

非判断性事件包括叙述性事件和描写性事件，其事件元分别对应动词性谓语核心和形容词性谓语核心。朱德熙（1984）指出，只有谓词可以充当谓语，而体词的主要功能是充当主语和宾语，不能充当谓语，这是区分体词和谓词的出发点。石定栩（2009）也主张体词的功能不包括做谓语，只有谓词才能充当谓语。但是，汉语研究中存在"体词谓语"①的现象，且体词谓语可以受程度状语的修饰（张谊生，1996；施春宏，2001；杨亦鸣和徐以中，2003），因而这种现象一向是研究的热点。如何看待"体词谓语"表达的事件的性质，是我们需要研究的重要课题。

石定栩（2009）指出，文献中所说的体词谓语可以分成两类：一类是发生了质变的体词性成分，实质上的形容词谓语句或动词谓语句，另一类体词谓语其实只是谓语的一部分，而并非真正意义上的谓语。② 第一类中所谓的"体词谓语"事实上已经发生了质变，其句法功能和意义均相当于谓词性成分。例如：

(7.33) a. 她很淑女。

b. 她们八卦了一下午。

（石定栩，2009）

例（7.33）中名词性成分"淑女"和"八卦"均发生了质变，分别具有了形容词和动词的谓词性特征。第二类中所谓的"体词谓语"事实上由动词短语充当谓语，其核心成分是动词，只不过该动词采用了隐性的空语类形式。例如：

(7.34) a. 他老婆河南人。

b. 桌子上一大堆吃剩的花生壳。

（石定栩，2009）

---

① 国外一般称"名词谓语"（Nominal Predicate），如 Chao（1968）、Li（1990）、Chu（1998）和陈满华（2006）等。

② 参见石定栩（2000，2002）、Xu（2003）。

我们赞同石定栩（2009）的观点，认为存在一部分发生了质变的体词谓语，但对诸如"今天星期天""今天2021年2月14日"这样的句中的谓语核心，我们有新的解释。

一般看来，该类句子是名词谓语句，表示判断，这种句子中"省略"的是作为"核心"的动词"是"，如高名凯（1948）、王力（1957）和石定栩（2009）等。如果补上核心动词"是"，那么句子可重写为：

(7.35) a. 今天是星期天。

b. 今天是2021年2月14日。

但同时我们可以看到诸如下面的句子：

(7.36) a. 做一天生活，全身粪味道，连老婆都嫌弃。

b. 都已经洛阳了，还不赶快收拾行李。

c. 上顿腌萝卜小米粥，下顿小米粥腌萝卜。

d. 比如在住房分配上规定：工程师住三室一厅，助理工程师二室一厅。

（石定栩，2009）

石定栩（2009）指出给上面这些例句的谓语补一个与"是"和"有"都无关动词，此四例分别为"散发""到""吃"和"住"：

(7.37) a. 做一天生活，全身散发粪味道，连老婆都嫌弃。

b. 都已经到洛阳了，还不赶快收拾行李。

c. 上顿吃腌萝卜小米粥，下顿吃小米粥腌萝卜。

d. 比如在住房分配上规定：工程师住三室一厅，助理工程师住二室一厅。

但是，我们也可以将上述句中的动词替换为"是"，句子变换为：

(7.38) a. 做一天生活，全身是粪味道，连老婆都嫌弃。

b. 都已经是洛阳了，还不赶快收拾行李。

c. 上顿是腌萝卜小米粥，下顿是小米粥腌萝卜。

e. 比如在住房分配上规定：工程师住三室一厅，助理工程师是二室一厅。

因而，我们认为，不能按能补进去的内容来判断其中的核心动词是否为"是"，谓语位置上的名词性没有发生质变的所谓名词性谓语句，均不含带有显性判断标记的"是"，不属于判断性事件，而是分属于描写性事件和叙述性事件。

一般认为省略"是"的名词谓语句可分为两类：一类诸如"今天星期天"，其中的"体词谓语"实际上是个相当于形容词成分的类名词成分 NP，属于描写性事件。另一类诸如"今天 2021 年 2 月 14 日"，其中做谓语的不是明确表示主观判断的提升动词"是"，而是采用了隐性的空语类形式的其他核心动词（如"等于"），相当于动词谓语句，是叙述性事件。

这里需要区分类名词性成分、发生了质变为形容词性的名词性成分和表示指称的普通的名词性成分。发生了质变为形容词性的名词性成分表示的是 NP 所具有的特征。例如：

(7.39) a. 东风桥头市场也有点国际，而且很不中国。

b. 她太不教条了，根本不接受老师灌输给她的理论。

c. 不再幼稚也不再书生，人也野了，话也粗了。

其中"国际""中国""教条""书生"均为质变为形容词的名词性成分，表示的是"国际""中国""教条""书生"所具有的特征。该类名词性成分均能被副词"有点""很""不"等修饰，直接做谓语，句法自足。

类名词性成分表示的一类名词，NP 本来是普通名词，但在系动词的作用下，充当谓语，指涉一类名词，表示其前成分属于后名词，带有后名词的类属性。"$NP_1 NP_2$"表示 NP_1 属于 NP_2，NP_1 具有 NP_2 所具有的类特征。例如：

(7.40) a. 今天星期天。

b. 鲁迅，绍兴人。

其中例（7.40a）表示的是"今天"属于成千上万个"星期天"中的一个，具有星期天这类日子所具有的类特征；例（7.40b）表示的是"鲁迅"属于成千上万个"绍兴人"中的一个，具有"绍兴人"所具有的类特征。

而普通名词性成分，指示的是个体，实际上是隐性动词性成分的宾语。例如：

(7.41) a. 今天 2021 年 2 月 14 日。

　　　　b. 我中文系，他历史系。

　　　　d. 我炸酱面，他牛肉炒饭。

此三例中的谓语核心"等于""在""吃"等均采用了隐性的空语类形式。正是因为句中的谓语核心采用了隐性的空语类形式，在语表形式上，名词性成分才占据了谓语的位置，成为"名词（性）谓语"。

第四节　本章小结

语言使用者在不同的语言环境中，往往会根据主观态度和表达的需要，从语义真值相同的各句位变体中选用不同的表达形式。隐性形式、扣合等都是在语言表达和信息传递的过程中，所采用的相应表达手段。判断性事件中判断动词"是"，语气助词"的"，以及宾语的中心语"Y"均可以采用隐性形式，弱化其传递的信息，突显与之相关的其他信息。词语和句子的扣合必须有其句法结构、语音和语形上的基础，两个（或两个以上）成分相扣并不影响其原有信息的传递，而且可以将原有信息叠加在一起同时传达。词语和句子的扣合不但是语音和语形的扣合，也是多重相关信息的扣合。

语言表述中的事件均具有判断性，而含"是"的判断性事件是相对于不含"是"的叙述性事件和描写性事件而言的，且判断性事件的下位子事件，也就是"是"所判断的子事件可以二分为叙述性事件和描写性事件，分别对应以动词性成分、形容词性成分做谓语的子事件。

当出现"名词谓语"的时候，我们要区分三种名词性成分，第一种为质变为形容词或动词的名词性成分，第二种是表示一类名词的类名词性成分，第三种是普通名词性成分。在"主语+谓语"格式中，谓语取值为谓词性成分和三类名词性成分时所属事件具有对应关系。关于名词性谓语、谓词性谓语与事件性质的对应关系，见表 7-2：

表 7-2　名词性谓语、谓词性谓语与事件的性质的对应关系

事件性质		体词性谓语		谓词性谓语
		未发生质变	发生了质变	
描写性事件	类名词性成分	今天星期日	她很淑女	她很漂亮
叙述性事件	名词性成分	今天Ø等于2021 年 2 月 14 日	她们八卦了一下午	中国 1949 年解放

第八章 结 语

第一节 本书的主要结论

本书在事件结构理论的框架下从组形、释义和传息等多个角度对判断性事件进行纵横交错的立体观察：从对判断性事件各语法构件的描写和解释，到语表形式为"S 是 X"和"S 是 X 的"两类典型判断性事件的事件结构分析，再到对作为句位变体的各类判断性事件及判断性事件与其他类型事件的关系揭示。

在语法构件层面将"是"界定为能够标记焦点、表示判断的提升动词。从组形上说，"是"是一个提升动词；从释义上说，它表示判断，判断的对象为其前成分和后成分之间的关系；从信息传递上来说，它是一个焦点标记，标记居于其后的成分为信息的焦点。

继而，我们援用"提升分析法"对判断性事件进行分析，认为判断性事件均选择一个子句作为其补足语，且其补足语中常常含有空语类。判断性事件"S 是 X"所判断的对象可以归纳为三种情况：当"是"的前成分和后成分均为普通论元时，判断的对象为论元之间的实体关系；当"是"的前成分和后成分一项为事件元另一项为普通论元时，判断的对象为事件元及其论元之间的事件关系；当"是"的前成分和后成分均为事件元时，判断的对象为类复句的事件链关系。

"S 是 X"的特殊形式"X 是 X"需后附粘着小句，形成独特的构式义。我们根据后续小句的句法结构，在前贤指出的"X 是 X，转折词……""X 是 X，Y 是 Y（Z 是 Z）……"两个类别的基础上，增补了无特殊标记的"X 是 X，……"句，并将三种"X 是 X，P"句划分出"重转""轻转""弱转""区别""分辨""肯定"和"赞美"七种语义类型，分析了该句式句法语义之间的关联性。

在特殊的判断性事件"S 是 X 的"中，"是"同样首先作为表判断的提升动词出现，当"是"重读时，"是"是确认副词"是₁"和判断动词"是₂"的扣合，以重读的副词"是₁"表达对该判断性事件的再次确认。其中句末"的"均有结构助词"的₁"的属性，与变项 X 组成"的"字结构（"X 的"）整体入句，在语义上保证了对判断主项 S 的分类，判断相当于类名词成分的"X 的"及其论元之间的关系。但是，当 X 取值为谓词性成分或主谓结构时，该类事件不但像 X 取值为体词成分一样，能判断相当于类名词的"X 的"及其论元 S 的关系，还能判断谓词性"X"及主谓结构中谓词性成分及其论元的关系。

而且，当 X 取值为动词性成分时，可以根据是否具有"［+偏正］"的属性分为两类：第一类是 X 取值为非偏正式动词性结构，主要包括不含隐性补语的单个动词或动词性并列动词、动宾结构、兼语结构、无轻重之分的连动结构等，其功能与 X 取值为形容词性成分和主谓结构相同。另一类是当 X 取值偏正式动词性结构，主要包括含隐性补语的单个动词或并列动词、动补结构、动词性状中结构、有轻重之分的连动结构等，除了能判断"VP 的"及其论元 S 的关系、VP 及其论元的关系，还能突显 VP 中的某个方面，回答"V 有什么特征"。

在语言表达中，事件均具有判断性，而判断性事件是相对于不含"是"的叙述性事件和描写性事件而言的。判断性事件与其他两类事件的区别主要在于判断性的强弱，判断性事件显性地以"是"表达说话者的主观是认和肯定，判断性较强；而叙述性事件和描写性事件没有显性地表明作者的主观是认和肯定，判断性较弱。判断性事件的子事件，也就是"是"所判断的对象可以二分为叙述性子事件和描写性子事件，分别对应以动词性成分、形容词性成分做谓语的子事件。当出现"名词谓语"的时候，要分辨普通名词、类名词和质变为动词或形容词的名词及其对应的事件类别。

第二节 有关进一步研究的思考

本书的研究对象为是现代汉语判断性事件的事件结构，但是研究的内容仍具有较大的局限性，主要包括以下几个方面：

首先，我们对判断性事件的考察，只局限于陈述句的小句及小句的构件层面，而没有扩展至疑问句、两个以上小句连接而成的复句，以及句群、语篇等更大的语法单位。

从语言发展来看，我们的研究没有涉及其历时传承和演变。历时研究可以探究语言传承、发展、变化的轨迹，以及导致语言发展、变化的原因，是语言研究中十分重要的方面，在这一点上，我们几乎没有涉及。

另外，研究面很少涉及类型学的对比分析，只是偶尔和英语比较。语言研究中将研究对象置于世界语言的大环境中，通过和其他语言的对比分析，可以找出某种语言现象在不同语言中的特点及产生该特点的缘由。

对判断性事件的句法语义的分析不但应该置于篇章等更大的语言单位，而且应该置于历时语言比较和不同类型语言的比较分析中，进一步完善对判断性事件句法语义等方面的理解。关于判断性事件在这些方面都存在巨大的研究空间，是需要进一步探索的重要课题。

主要参考文献

一、中文资料

蔡满园：《事件参照点关系模型视角下现代汉语主要句式成因研究》，河南大学，2016 年。

蔡维天：《谈汉语中的内外轻动词》，《首届两岸三地现代汉语句法语义小型学术论坛会议论文》2007 年。

曹道根：《汉语被动句的事件结构及其形态句法实现》，《现代外语》2009 年第 1 期。

曹逢甫：《汉语的提升动词》，《中国语文》1996 年第 3 期。

常娜：《动趋式"V 上"的语义与位移事件表达》，《汉语学习》2018 年第 5 期。

陈炳迢：《现代汉语的句型系统》，《复旦学报》（社会科学版）1981 年第 S1 期。

陈建民：《现代汉语句型论》，语文出版社 1984 年版。

陈满华：《60 年来的体词谓语句研究述评》，《汉语学习》2006 年第 2 期。

陈宗明：《逻辑和语言表达》，上海人民出版社 1984 年版。

程乐乐：《关于构式语法"三个世界"的思考》，《长江学术》2006 年第 4 期。

池昌海、姜淑珍：《从英汉翻译看汉语位移事件语篇叙述风格》，《当代修辞学》2016 年第 4 期。

邓红风：《论汉语中的空动词 be》，《中国海洋大学学报（社会科学版）》

2009 年第 4 期。

邓思颖：《经济原则和汉语没有动词的句子》，《现代外语》2002 年第 1 期。

邓思颖：《空动词从属小句的特点》，《汉语学报》2004 年第 1 期。

邓思颖：《形式汉语句法学（第二版）》，上海教育出版社 2019 年版。

丁声树、吕叔湘、李荣等：《现代汉语语法讲话》，商务印书馆 1961 年版。

董秀芳：《"是"的进一步语法化：由虚词到词内成分》，《当代语言学》2004 年第 1 期。

樊友新：《从事件结构到句子结构》，《华东师范大学》2010 年。

范晓：《汉语的句子类型》，书海出版社 1998 年版。

冯凭：《谈名词充当谓语》，《汉语学习》1986 年第 3 期。

冯丽娟：《汉语动结式事件结构加工的实验研究——以"哭湿"和"推倒"类为例》，《语言教学与研究》2017 年第 1 期。

冯胜利：《"写毛笔"与韵律促发的动词并入》，《语言教学与研究》2000 年第 1 期。

冯胜利：《轻动词移位与古今汉语的动宾关系》，《语言科学》2005 年第 1 期。

高名凯：《语法理论》，商务印书馆 1948 年版。

郭婷婷：《现代汉语疑问句的信息结构与功能类型》，武汉大学，2005 年。

洪心衡：《能愿动词、趋向动词、判断词》，《语法知识讲话》，上海教育出版社 1987 年版。

侯贤慧：《论"A 是 A"构式》，《国际汉语学报》2013 年第 4 期。

胡惮：《信息的理解与语言信息研究述评》，《华中科技大学学报（社会科学版）》2005 年第 6 期。

胡建华：《英、汉语空语类的分类、分布与所指比较研究》，《外国语（上海外国语大学学报）》1997 年第 5 期。

胡旭辉：《跨语言视角下的汉语中动句研究》，《当代语言学》2019 年第 1 期。

胡裕树：《现代汉语（重订本）》，上海教育出版社 1995 年版。

胡裕树、范晓：《试论语法研究的三个平面》，《新疆大学学报》1985 年第

2 期。

黄伯荣、廖序东：《现代汉语》，高等教育出版社 1980 年版；增订六版，2017 年。

黄正德：《说"是"和"有"》，《中央研究院历史语言研究所集刊》1988 年第 59 期。

黄正德：《从"他的老师当得好"谈起》，《语言科学》2008 年第 3 期。

吉益民：《现代汉语主观极量图式构式研究》，扬州大学，2016 年。

姜南：《汉译佛经"S，N 是"句非系词判断句》，《中国语文》2010 年第 1 期。

蒋严、潘海华：《形式语言学引论》，中国社会科学出版社 1998 年版。

金海月：《从朝鲜语反观汉语的"V 得"致使结构》，《汉语学习》2008 年第 2 期。

金兆梓：《国文法之研究》，中华书局 1922 年版。

景士俊：《谈 X 是 X 句的类型》，《语文学刊》1994 年第 4 期。

黎锦熙..：《新著国语文法》，商务印书馆 1924 年版；湖南教育出版社 2007 年版。

黎锦熙、刘世儒：《中国语法教材》，五十年代出版社 1953 年版。

李健：《谈由"是"构成的判断句的基本形式及其逻辑意义》，《东疆学刊》1987 年第 4 期。

李讷、安珊笛、张伯江：《从话语角度论证语气词"的"》，《中国语文》1998 年第 2 期。

李宝伦、潘海华：《焦点与"不"字句之语义解释》，《现代外语》1999 年第 2 期。

李春玲：《现代汉语离合词及其离合槽研究》，辽宁人民出版社 2009 年版。

李福印：《典型位移运动事件表征中的路径要素》，《外语教学》2017 年第 4 期。

李临定：《现代汉语句型（增订本）》，商务印书馆 2011 年版。

李晓奇（Lee, Seul-ki）：《现代汉语系词类动词的省略研究》，北京大学，2016 年。

李艳惠：《省略与成分缺失》，《语言科学》2005 年第 2 期。

李艳惠：《空语类理论和汉语空语类的辨识与指称研究》，《语言科学》2007 年第 2 期。

梁英梅：《致使性"NP$_1$+A 得+NP$_2$+VP/AP"结构的事件结构》，《语言研究》2015 年第 2 期。

林艳：《双宾构式的事件结构分析及其句法表达的条件》，《武汉理工大学学报》（社会科学版）2015 年第 4 期。

鲁川：《汉语的意合网络》，《语言文字应用》1998 年第 2 期。

刘顺：《普通名词的时间性研究》，《语言教学与研究》2004 年第 4 期。

刘爱英、韩景泉：《论英语系动词结构》，《现代外语》2004 年第 4 期。

刘丹青、徐烈炯：《焦点与背景、话题及汉语"连"字句》，《中国语文》1998 年第 4 期。

刘婧、李福印：《致使义视角下的"使"字句及其英语表达形式——一项基于平行语料库的调查》，《西安外国语大学学报》2017 年第 1 期。

刘月华、潘文娱、故韡：《实用现代汉语语法》，《外语教学与研究》，1983 年。

龙果夫：《现代汉语语法研究》，郑祖庆译，科学出版社 1958 年版。

龙海平：《已然义"是……的"类句式的多角度考察》，华中师范大学，2007 年。

龙海平：《从焦点不确定性看"他是投的赞成票"句式》，《汉语学报》2011 年第 2 期。

龙海平、肖小平：《"我是昨天买的票"句式及其相关问题》，《世界汉语教学》2011 年第 3 期。

陆丙甫：《"的"的基本功能和派生功能——从描写性到区别性再到指称性》，《世界汉语教学》2003 年第 1 期。

陆俭明：《关于汉语虚词教学》，《语言教学与研究》1980 年第 4 期。

陆俭明、沈阳：《汉语和汉语研究十五讲》，北京大学出版社 2004 年版。

吕必松：《关于"是……的"结构的几个问题》，《语言教学与研究》1982 年第 4 期。

吕叔湘：《中国文法要略》上卷，商务印书馆 1942 年版。

吕叔湘：《语法学习》，中国青年出版社 1953 年版。

吕叔湘：《汉语语法分析问题》，商务印书馆 1979 年版。

吕叔湘：《现代汉语八百词》，商务印书馆 1980 年版。

吕叔湘、朱德熙：《语法修辞讲话》，开明书店 1952 年版。

马建忠：《马氏文通》，商务印书馆 1983 年版。

马庆株：《自主动词和非自主动词》，《中国语言学报》1988 年第 3 期。

马学良、史有为：《说"哪儿上的"及其"的"》，《语言研究》1982 年第 1 期。

马志刚：《话题和主语，移位性特征与汉语领主属宾句的推导生成》，《语言研究集刊》2010 年。

苗孟华：《面向对外汉语教学的"X 是 X，（P）"研究》，沈阳师范大学，2017 年。

木村英树：《"的"字句的句式语义及"的"字的功能扩展》，《中国语文》2003 年第 4 期。

潘海华、韩景泉：《汉语保留宾语结构的句法生成机制》，《中国语文》2008 年第 6 期。

潘云鹤、耿卫东、何志均：《面向智能计算的记忆结构理论综述》，《计算机研究与发展》1994 年第 12 期。

彭增安、张少云：《同语格的语用修辞功能》，《修辞学习》1997 年第 2 期。

齐沪扬、张秋杭：《"是……的"句研究述评》，《广播电视大学学报》2005 年第 4 期。

人民教育出版社中学语文组：《中学教学语法系统提要》，《中国语文》1984 年第 4 期。

任鹰：《表示空间分布的时间词——语言表述中的隐性认知事件》，《当代修辞学》2010 年第 6 期。

任鹰：《从生成整体论的角度看语言结构的生成与分析——主要以汉语动宾结构为例》，《当代语言学》2016 年第 1 期。

桑勇：《"X 是 X，P"句式分析》，《辽宁教育行政学院学报》2018 年第

1 期。

邵敬敏：《"同语式"探讨》，《语文研究》1986 年第 6 期。

邵敬敏：《汉语语法学史稿》，商务印书馆 2006 年版。

沈力：《汉语蒙受句的语义结构》，《中国语文》2009 年第 1 期。

沈阳：《动词的句位和句位变体结构中的空语类》，《中国语文》1994 年第 2 期。

沈家煊：《"王冕死了父亲"的生成方式——兼说汉语"糅合"造句》，《中国语文》2006 年第 4 期。

沈家煊：《汉语里的名词和动词》，《汉藏语学报》2007 年第 1 期。

沈家煊：《英汉否定词的分合和名动的分合》，《中国语文》2010 年第 5 期。

施春宏：《名词的描述性语义特征与副名组合的可能性》，《中国语文》2001 年第 3 期。

石定栩：《汉语句法的灵活性和句法理论》，《当代语言学》2000 年第 1 期。

石定栩：《体词谓语句与词类的划分》，《汉语学报》2009 年第 1 期。

石毓智：《论"的"的语法功能的同一性》，《世界汉语教学》2000 年第 1 期。

石毓智、徐杰：《汉语史上疑问形式的类型学转变及其机制——焦点标记"是"的产生及其影响》，《中国语文》2001 年第 5 期。

石毓智、李讷：《汉语语法化的历程》，北京大学出版社 2001 年版。

石毓智：《论判断、焦点、强调与对比之关系——"是"的语法功能和使用条件》，《语言研究》2005 年第 4 期。

史有为：《表已然义"的 b"补议》，《语言研究》1984 年第 1 期。

司富珍：《中心语理论和汉语的 DeP》，《当代语言学》2004 年第 1 期。

宋国明：《句法理论概要》，中国社会科学出版社 1997 年版。

宋玉柱：《关于"是……的"结构的分析》，《天津师院学报》1978 年第 4 期。

孙天琦、李亚非：《汉语非核心论元允准结构初探》，《中国语文》2010 年第 1 期。

孙志农：《事件结构、信息结构与句法表征——领主属宾句的认知语法分析》，《外语学刊》2016 年第 4 期。

汤廷池：《国语语法研究论集》，台湾学生书局 1979 年版。

田庆强：《汉语形容词及其事件结构表达》，重庆大学，2004 年。

屠爱萍：《语言的隐显形式与"是……的"句的再分类》，《语文研究》2013a 年第 4 期。

屠爱萍：《现代汉语非名词性空语类》，《现代外语》2013b 年第 3 期。

屠爱萍：《隐性形式、扣合和句位变体》，《汉语学习》2013c 年第 4 期。

屠爱萍：《关于"是"字句主宾语的分析》，《沈阳师范大学学报》（社会科学版）2015a 年第 1 期。

屠爱萍：《现代汉语中的空动词》，《语言与翻译》2015b 年第 1 期。

屠爱萍、钱多：《汉语句子教学于研究》，长春出版社 2022 年版。

屠爱萍：《小句结构分析于"是……的"句研究综观》，《沈阳师范大学学报（社会科学版）》2021 年底 2 期。

王力：《中国语法理论》，商务印书馆 1944 年版。

王力：《汉语语法纲要》，新知识出版社 1957 年版。

王欣：《类型逻辑语法与现代汉语"是"和"的"》，北京语言大学，2009 年。

王寅：《动结构式的体验性事件结构分析》，《外语教学与研究》2009 年第 5 期。

王英：《逻辑哲学论》的后因果观》，《社会科学辑刊》2011 年第 5 期。

王光全：《过去完成体标记"的"在对话语体中的使用条件》，《语言研究》2003 年第 4 期。

王广成、王秀卿：《事件结构的句法映射——以"把"字句为例》，《现代外语》2006 年第 4 期。

王红斌：《现代汉语的事件句和非事件句》，光明日报出版社 2009 年版。

王红旗：《"是"字句的话语功能》，《语文研究》2010 年第 3 期。

王文颖：《"是……的"句的两种焦点结构》，《语言教学与研究》2018 年第 5 期。

王跃龙：《汉语交叉依存类非投射性现象》，新加坡国立大学，2012 年。

温宾利、程杰:《论轻动词 v 的纯句法本质》,《现代外语》2007 年第 2 期。

吴平:《句式语义的形式分析与计算》,北京语言大学出版社 2007 年版。

吴平:《汉语特殊句式的事件语义分析与计算》,中国社会科学出版社 2009 年版。

席留生:《"把"字句的认知研究》,河南大学,2008 年。

肖娅曼:《上古"是"判断句与"此"判断句之比较》,《古汉语研究》2005 年第 3 期。

萧国政:《右向传递句的延展和凝缩——关于"传息语法"的思考》,《语言学通讯》1991 年第 1—2 期。

萧国政:《句子信息结构与汉语语法实体成活》,《世界汉语教学》2001 年第 4 期。

萧国政:《现代汉语句末"了"意义的析离》,《面临新世纪挑战的现代汉语语法研究》,山东教育出版社 2000 年版。

萧国政:《"语法三个世界"研究及修辞关联》,《福建师范大学学报》(哲学社会科学版) 2010 年第 4 期。

萧国政:《汉语成分共用现象的语法性质与相关理论》,《长江学术》2006 年第 2 期。

谢福:《基于语料库的留学生"是……的"句习得研究》,《语言教学与研究》2010 年第 2 期。

谢晓明:《代体宾语的理解因素》,《汉语学报》2004 年第 1 期。

谢晓明:《论元的激活扩散过程与动宾之间的语义匹配》,《学术交流》2008 年第 11 期。

邢福义:《语修沟通管见》,《当代修辞学》1987 年第 5 期。

邢福义:《词类辩难》,商务印书馆 1981 年版。

邢福义:《汉语里宾语代入现象之观察》,《世界汉语教学》1991 年第 2 期。

邢福义:《汉语语法学》,东北师范大学出版社 1996 年版。

熊学亮、王志军:《被动句认知解读一二》,《外语教学与研究》2003 年第 3 期。

熊仲儒:《"是……的"的构件分析》,《中国语文》2007 年第 4 期。

徐杰：《普遍语法原则和汉语语法现象》，北京大学出版社 2001 年版。

徐采霞：《双音形容词状补功能比较研究》，华中师范大学，2015 年。

徐希明：《现代汉语"是"字句研究》，复旦大学，2000 年。

徐阳春：《关于虚词"的"及其相关问题研究》，复旦大学，2003 年。

杨艳：《现代汉语"是"字结构与语用量研究》，上海师范大学，2004 年。

杨石泉：《"是……的"句质疑》，《中国语文》1997 年第 6 期。

杨亦鸣、徐以中：《"副+名"现象研究之研究》，《语言文字应用》2003 年第 2 期。

姚亚平：《"是"字词性辨》，《南昌大学学报》（人文社会科学版）1981 年第 4 期。

俞士汶：《计算语言学概论》，商务印书馆 2003 年版。

袁淑琴：《"介宾短语"的教学与思考》，《唐都学刊》1995 年第 6 期。

袁毓林：《句法空位和成分提取》，《汉语学习》1994 年第 3 期。

袁毓林：《论元角色的层级关系和语义特征》，《世界汉语教学》2002 年第 3 期。

袁毓林：《句子的焦点结构及其对语义解释的影响》，《当代语言学》2003a 年第 4 期。

袁毓林：《从焦点理论看句尾"的"的句法语义功能》，《中国语文》2003b 年第 1 期。

袁毓林：《论元结构和句式结构互动的动因、机制和条件——表达精细化对动词配价和句式构造的影响》，《语言研究》2004 年第 4 期。

袁毓林：《汉语句子的焦点结构和语义解释》，商务印书馆 2012 年版。

乐耀：《从互动交际的视角看让步类同语式评价立场的表达》，《中国语文》2016 年第 1 期。

曾骞：《现代汉语系词"是"与几个相关问题》，南开大学 2013 年。

曾常红：《现代汉语"是"字句的接续功能》，《汉语学报》2007 年第 2 期。

曾海清：《现代汉语同语式全方位研究》，安徽大学，2011 年。

张斌主编：《现代汉语虚词词典》，商务印书馆 2001 年版。

张斌：《关于词类问题的思考》，《语言学问题集刊》，吉林人民出版社 2001 年版。

张静主编：《现代汉语》，上海教育出版社 1980 年版。

张军：《汉藏语系语言判断句研究》，中央民族大学，2005 年。

张宝林：《汉语教学参考语法》，北京大学出版社 2006 年版。

张伯江、方梅：《汉语功能语法研究》，江西教育出版社 1996 年版。

张弓：《现代汉语修辞学》，河北教育出版社 1963 年版。

张和友、邓思颖：《普通话、粤语比较义系词句的句法差异及相关问题》，《汉语学习》2009 年第 3 期。

张和友、邓思颖：《与空语类相关的特异型"是"字句的句法、语义》，《当代语言学》2010 年第 1 期。

张和友、邓思颖：《论"是"与"yes"》，《现代外语》2011 年第 2 期。

张和友、邓思颖：《空语类的允准及普通话、粤语话题类系词句的句法差异》，《语言科学》2011 年第 1 期。

张和友、邓思颖：《词法性还是句法性：论"X 是"的接口特征》，《世界汉语教学》2012 年第 3 期。

张和友、邓思颖：《动词分类、语义选择与汉语的空宾语结构》，《北京师范大学学报》（社会科学版）2013 年第 4 期。

张和友：《"是"字结构的句法语义研究》，北京大学出版社 2012 年版。

张明尧：《基于事件链的语篇连贯研究》，武汉大学，2013 年。

张庆文、邓思颖：《论现代汉语的两种不同保留宾语句》，《外语教学与研究》2011 年第 4 期。

张新华、蔡淑美：《论中动事件及汉语中动句系统》，《南开语言学刊》2016 年第 1 期。

张亚明：《汉语形容词的情状类型及句法选择》，上海师范大学，2005 年。

张谊生：《名词的语义基础及功能转化与副词修饰名词》，《语言教学与研究》1996 年第 4 期。

张志公主编：《语法和语法教学》，人民教育出版社 1956 年版。

张志公：《现代汉语》，人民教育出版社 1982 年版。

赵淑华：《关于"是……的"句》，《语言教学与研究》1979 年第 1 期。

中国社会科学院语言研究所词典编辑室：《现代汉语词典（第七版）》，商务印书馆 2016 年版。

周晓康：《现代汉语物质过程小句的及物性系统》，《当代语言学》1999 年第 3 期。

周有斌：《"是"字句研究述评》，《汉语学习》1992 年第 6 期。

周长银、尹晓静：《"把"字句的事件结构特征与生成推导》，《解放军外国语学院学报》2016 年第 2 期。

周长银、周统权：《"追累"句式的歧义新解》，《山东外语教学》2016 年第 3 期。

周彦每：《意识感受性：代体宾语产出的认知范式与心智模型》，《河南师范大学学报》（哲学社会科学版）2018 年第 3 期。

朱斌：　《现代汉语"是"字句然否类型联结研究》，华中师范大学，2002 年。

朱斌：《否定"是"字句的类型联结》，《汉语学报》2007 年第 1 期。

朱怀：《现代汉语工具宾语句的概念整合》，《语言研究》2011 年第 3 期。

朱敏：　《现代汉语同语判断句式及其相关格式研究》，上海师范大学，2005 年。

朱德熙：《说"的"》，《中国语文》1961 年第 12 期。

朱德熙：《关于说"的"》，《中国语文》1966 年第 1 期。

朱德熙：《"的"字结构和判断句》，《中国语文》1978 年，第 1—2 期。

朱德熙：《语法讲义》，商务印书馆 1982 年版。

朱德熙：《定语和状语的区分与体词和谓词的对立》，《语言学论丛》1984 年第 13 期。

朱俊阳：《现代汉语双事件结构衍生关系的被动式研究》，北京大学，2011 年版。

祝丽丽：《汉语领主属宾句的句法生成分析》，湖南大学，2008 年。

二、外文资料

Aoun, J. & Li, a. Scope and Constituency [J]. Linguistic Inquiry, 1989, (20).

Bach, E. The Algebra of Events [J]. Linguistics and Philosophy, 1986, (9).

Baker, M. Incorporation: A Theory of Grammatical Function Changing [M]. Chicago: University of Chicago Press, 1988.

Barbosa, Pilar P. Pro-drop and Theories of *pro* in the Minimalist Program [J]. Language and Linguistics Compass, 2011, (5).

Borer, H. Passive without Theta-grids [A]. In P. Farrell & S. Lapointe (eds.). Morphological Interfaces [C]. Stanford, California: CSLI, 1996.

Burzio, L. Intransitive Verbs and Italian Auxiliaries. MIT, Cambridge, Massachusetts. 1981.

Camacho, José. Chinese-type *pro* in a Romance-type null-Subject Language [J]. Lingua, 2011, (121).

Carlson, G. Thematic Roles and the Individuation of Events [A]. in Rothstein, S. (eds.). Events and Grammar [C]. Netherlands: Kluwer Academic Publishers, 1998.

Chao, Y. -R. A Grammar of Spoken Chinese [M]. University California Press, 1968.

Cheng, Lisa Lai-Shen. Deconstructing the *shi…de* Construction [J]. The Linguistic Review, 2008, (25).

Chomsky, N. Lectures on Government and Binding [M]. Dordrecht: Foris, 1981.

Chomsky, N. The Minimalist Program [M]. Cambridge, MA: MIT Press, 1995.

Chu, Chauncey C. A Discourse Grammar of Mandarin Chinese [M]. New York: Peter Lang Publishing, 1998.

Chung S, Timberlake a. Tense, Aspect, and Mood [J]. Language Typology and Syntactic Description, 1985, (3).

Davidson, D. The Logical Form of Action Sentences [A]. In Rescher, N. (eds.). The Logic of Decision and Action [M]. Pittsburgh: University of Pittsburgh Press, 1967.

Dowty, D. Word Meaning and Montague Grammar [M]. Dordrecht: Reidel, 1979.

Farrar, M. J.; Friend, M. J.; Forbes, J. N. Event knowledge and EarlyLanguage Acquisition [J]. Journal of Child Language, 1993, (3).

Fraser, Bruce. Pragmatic Markers [J]. Pragmatic, 1996, (2).

Grimshaw, J. Argument Structure [M]. Cambridge, MA: MIT Press, 1990.

Haegeman, L. Introduction to Government and Binding Theory [M]. Oxford: Blackwell, 1994.

Hale, K. & S. J. Keyser. On Argument Structure and Lexical Expression of Syntactic Relations [A]. In K. Hale & S. J. Keyser (eds.). The View from Building 20: Essays in Linguistics in Honor of Sylvain Bromberger [C]. Cambridge, MA: MIT Press, 1993.

Harris, a. C. & Campbell, L. Historical Syntax in Cross-Linguistics Perspective [M]. Cambridge, UK: Cambridge University Press, 1995.

Heggie, L. a. The Syntax of Copular Structures [D]. PhD. Dissertation. University of Southern California, 1988.

Heim, I& Kratzer, a. Semantics in Generative Grammar [M]. Massachusetts: Blackwell, 1998.

Heycock, C. Layers of Predication and the Syntax of the Copula [J]. Belgian Journal of Linguistics, 1992, (7).

Hole, D. The Deconstruction of Shide Clefts Revisited [J]. Lingua, 2011, (121).

Hornstein, N, Logical Form: From GB to Minimalism [M]. Blackwell Publishers, Cambridge, MA, 1995.

Hovav, M. , Levin, b. An Event Structure Account of English Resultatives [J]. Language, 2001, (77).

Huang, C. -T. Logical Relations in Chinese and the Theory of Grammar [D]. PhD. dissertation, MIT, 1982.

Huang, C. T. On the Distribution and Refer-ence of Empty Pronouns [J]. Linguistic Inquiry, 1984, (15).

Huang, C. T. Remarks on Empty Categories in Chinese [J]. Linguistic Inquiry, 1987, (18).

Jackendoff, Ray S. Semantic Interpretation in Generative Grammar [M]. the MIT Press, Cambridge, Massachusetts, 1972.

Larson R. On the Double Object Construction [J]. Linguistic Inquiry, 1988, (19).

Lee, E. Argument Structure and Event Structure: The Case of Korean Imperfective Constructions [J]. Journal of East Asian Linguistics, 2008, (17).

Lee, Peppina Po-lun & Pan Haihua. Chinese Negation Marker Bu -not. and Its Association with Focus [J]. Linguistics 2001, (4).

Levin, B. Hovav, M. R. Argument Realization [M]. New York: Cambridge University Press, 2005.

Li, C. N & Thompson, S. a. Mandarin Chinese [M]. Santa Barbara: University of California Press, 1981.

Li, Y. H. Audrey. Plurality in a Classifier Language [J]. Journal of East Asian Linguistics, 1999, (8).

Lin, Tzonghong. Light Verb Syntax and the Theory of Phase Structure [D]. Ph. D. dissertation, University of California, Irvine, 2001.

Lombard, L. Events: A Metaphysical Study [M]. London: Poutledge & Kegan Paul, 1986.

Margetts, a. &Austin, P. K. Three-Participant Events in the Languages of the World: Towards Across Linguistic Typology [J]. Linguistics, 2007, (3).

McCawley, J. Lexical Insertion in a Transformational Grammar without Deep

Structure [A]. Proceedings of the Chicago Linguistic Society 4, 1968.

McGinnis, M. Variation in the Phase Structure of Applicatives [J]. Linguistic Variations Yearbook, 2001, (42).

Miller, G., Beckwith, R. , Fellbaum, C., et al. Introduction to WordNet: An Online Lexical Database [J]. International Jornal of Lexicography, 1990, (4).

Moro, A. Dynamic Antisymmetry [M]. Cambridge: MIT Press, 2000.

Mourelatos, A. Events, Processes, and States [J]. Linguistics and Philosophy, 1978, (2).

Narasimhan, c., Eisenbei?, S. , Brown, P. "Two' s Company, More is a Crowd: The Linguistic Encoding of Multiple-participant Events [J]. Linguistics, 2007, (3).

Norman, J. Chinese [M]. Cambridge University Press, 1988.

Parsons, T. Events in Semantics of English: A Study in Subatomic Semantics [M]. Cambridge: MIT Press, 1990.

Paul, W. Verb gapping in Chinese: A Case of Verb Raising [J]. Lingua, 1999, (107).

Paul, W. & J. Whitman. Shi... De Focus Clefts in Mandarin Chinese [J]. Linguistic Review, 2008, (25).

Pawlak z. , Rough sets [J]. International Journal of Information and Computer Sciences, 1982, (5).

Pinker, S. Learnability and Cognition: Acquisition of Argument Structure, [M]. Cambridge: MIT Press, 1989.

Pustejovsky, J. The Syntax of Event Structure [J]. Cognition, 1991, (41).

Pylkk? nen, L. Introducing Arguments [D]. PhD. Dissertation. MIT, 2002.

Radford, Andrew. Syntax : A Minimalist Introduction [M]. Cambridge : Cambridge University Press, 1997.

Reiehenbach, H. Elements of Symbolic Logic [M]. New York: The Free Press, 1947.

Ritter, E. and Rosen, S. Event Structure and Ergativity [A]. In Tenny, c. &

Pustejovsky, J. (eds.). Events as Grammar Objects [C]. Stanford: CSLI Publications, 2000.

Rosen, S. T. Event and Verb Classification [J]. Linguistics, 1996, (34).

Ross, J. R. Constraints on Variables in Syntax [D]. PhD dissertation, MIT, 1967.

Rothstein, S. Predicates and Their Subjects [M]. Netherlands: Kluwer Academic publishers, 2004.

Shukhan Ng. Processing Chinese Empty Categories [D]. PhD. dissertation, The City University of rk , 2009.

Simpson, a. & Wu, Zoe X. Z. The Syntax and interpretation of sentence-final DE [A]. Proceedings of NACCL 10, 1999.

Smith, c. The Parameter of Aspect [M]. Dordrecht: Kluwer, 1991.

Sportiche, D. The Theory of Floating Quantifiers and its Corollaries [J]. Linguistic Inquiry, 1988, (19).

Stowell, T. Origins of Phrase Structure [D]. PhD dissertation, MIT, 1981.

Stowell, T. What was There Before There was There [R]. Papers from the Fourteenth Regional Meeting Chicago Linguistics Society, 1978.

Talmy, L. Toward a Cognitive Semantics, (Ⅱ): Typology and Process in Concept Structuring [M]. Boston: MIT Press, 2000.

Talmy, L. Toward a Cognitive Semantics, (Ⅰ): Concept Structuring Systems [M]. Boston: MIT Press, 2000.

Tang, S. -W. The, (Non-) Existence of Gapping in Chinese and its Implications for The Theory of gapping [J]. Journal of East Asian Linguistics, 2001, (10).

Teng, S. Remarks on Cleft Sentences in Chinese [J]. Journal of Chinese Linguistics, 1979, (7).

Tenny, C. Aspectual Roles and the Syntax-semantics Interface [M]. Dordrecht: Kluwer Academic Publishers, 1994.

Tesnière, L. Elements De Syntaxe Structurale [M]. Paris: Klincksieck, 1959.

Travis, L. Event Structure in Syntax [A]. In C. Tenny & J. Pustejovsky, (eds.). Events as Grammatical Objects: The Converging Perspectives of Lexical Semantics and Syntax [C]. CSLI Publications, 2000.

Tsai, W. -T. On Economizing the Theory of AO Dependencies [D]. PhD dissertation, MIT, 1994.

Tu, a. & Zhang, L. Verbal Empty Categories and Their Types in Mandarin [A]. In: Ji, D. H. and Xiao, G. Z. (eds.). Chinese Lexical Semantics [C]. Berlin: Springer, 2013.

Valin, V. Exploring the Syntax Semantics Interface [M]. Cambridge: Cambridge University Press, 2005.

Vendler, Z. Verbs and times [A]. In Vendler, Z. (eds.). Linguistics in Philosophy [M]. Ithaca, NY: Cornell University Press, 1967.

Voorst, J. V. Events structure [M]. Amsterdam: John Benjamins Publishing Company, 1988.

Виноградов, В. В. Введение к Гр [M]. Москва: Издательство, 1954.

Виноградов, В. В. Исследования по русской грамматике [M]. Москва: Наука, 1975

Ward, G. Equatives and Deferred Reference [J]. Language, 2004, (2).

Xu, J. Sentence Head and Sentence Structure: A Study with Special Reference to Chinese [M]. Singapore: Pearson Education Asia, 2003.

Xu, Liejiong. Free Empty Category [J]. Linguistic Inquiry, 1986, 17, (1).

Xu, Liejiong. Remarks on VP-ellipsis in Disguise [J]. Linguistic Inquiry, 2003, (34).

Yang, Y. & Pierce, T. & Carbonell, J. A Study of Retrospective and On-line Event Detection [A]. Proceedings of the 21st Annual International ACM SIGIR Conference on Research and Development in Information Retrieval, 1998.

Yen, S. L. The Origin of the Copula" Shi" in Chinese [J]. Journal of Chinese Linguistics, 1986, (14).

Zoerner, C. E. Coordination: The Syntax of & P [D]. PhD dissertation, University of California, Irvine, 1995.

后　记

　　判断性事件是现代汉语中最重要的语法结构，是现代汉语研究中的一大焦点。其涉及的"是"字句、"是……的"句的句法结构和语义类别都非常丰富，其中涉及的相关语法现象更是纷繁复杂。

　　2005 年我开始师从湖南师范大学陈晖先生读硕士时，便对"是"字句、"是……的"句以及与之相关的各语言单位研究和教学产生了浓厚的兴趣。对母语为非汉语的语言学习者来说，不但"是"字句和"是……的"句难以理解、掌握和正确使用，而且与之相关的各种语言单位和语法现象也不容易解释，这使我迫切地希望深入了解它们。

　　2010 年，我幸运地成为武汉大学萧国政先生的弟子，之后慢慢接触了语言信息处理，接触了事件结构的标注。"是"字句和"是……的"句作为表述中的事件，该如何标注？是否应该像其他动词谓语句一样，将"是"标记为事件触发词？在事件结构框架下该怎样理解"是"字句和"是……的"句的句法语义？与之相关的其他语言单位该如何处理？这些都是促使我进行本书研究的重要契机。

　　面对涉及"是"字句和"是……的"句的判断性事件，我首先运用传统语法研究中的语料描写法，对语料库和前贤论著中的相关语料进行描写、分类和分析，然后借助事件结构理论对其进行解释。需要说明的是，我首先关注的是"是"字句和"是……的"句相关的语法现象，之所以借助事件结构理论对其进行解释，是因为该理论对判断性事件具有充分的解释性。如果单纯从句法结构或语义类别某一角度进行解释，或者从句法结构或者语义类别角度分别对其进行分析，则很容易忽略句法结构和语义结构的一致性。将"是"字句和"是……的"句处理为判断性事件，能够理想地把句法结构和语义结构结合起来，分析其中事件及子事件之间的句法语义关系，较为清晰地揭示判断性事件的本质，同时也能够对相关句法现象提供较为合理的解释。

关于形式语言学理论，最早是湖南师范大学陈明舒先生引领我接触的，陈老师要求我们读"当代语言学理论丛书""外研社当代语言学丛书"，读 CSSCI 期刊论文，使我对其中看似非常繁杂但却十分清晰的规则特别认可。到武汉读博士之后，接触相关理论的机会越来越多，特别是去香港城市大学师从 Paul Law（罗振南）先生和潘海华先生访学之后，更加倾向于运用该理论解释汉语语法问题。二位先生不但言传身教，还给我指明了学习形式句法和语义的捷径，弟子感激不尽！

本书的撰写得益于恩师萧国政先生全方位的指导，从观察视角、思维方式，包括表述方式都逐一指点，这让我成为很多人羡慕的对象。恩师事事为我着想：从要求我关注专业会议和核心杂志呈现的前沿信息，到经常抽出时间与我讨论语法问题、指导我修改论文；从鼓励我去香港城市大学学习句法语义知识，到一再提醒我运用形式语言学理论绝不是单纯使用繁杂的符号，研究成果一定要让受众读懂。本书也是按照恩师的要求，既运用了国际化的理论，又尽量使其中国化、浅显化。恩师的教诲，爱萍铭记在心！

本书的出版还要感谢沈阳师范大学领导和同事们的关照；感谢辽宁省社会科学规划基金项目"韩国学习者汉语典型特殊句式的习得层级研究"（项目编号：L20BYY010）的资助；感谢人民出版社孔延来先生、陈寒节先生、洪陈骏先生和叶毅女士为本书出版付出的辛勤劳动；感谢我的研究生卢崇楠、林博文、陆心悦等同学逐字逐句的校对；感谢高等教育出版社雷芳女士拨冗审阅本书；感谢家人对我无言的支持，特别是公公徐贺林先生和婆婆龙飞女士不辞辛苦地帮我照顾孩子，才让我有时间从事语言研究。感谢各位，也正是诸位的关心和鼓励，才给予我不竭的动力，促使我不断继续前行！

屠爱萍

2023 年 12 月于沈阳师大